내가 내 집에 살고 싶을 뿐이야

스물다섯 부린이의
본격 내 집 마련 프로젝트

내가 내 집에—— 살고 싶을 뿐이야

진리 지음

미래의창

프롤로그

내 집 마련을 꿈꾸는 건 욕심이 아니니까

'이렇게 직장 다니면서 열심히 저축하고 살다 보면 언젠가 내 집이 마련돼 있지 않을까?'

평범한 20대 직장인인 제 생각은 그랬어요. '언젠가', '마련돼 있겠지'라는 말은 다시 뜯어보면, 장담할 수 없는 미래의 어느 시점에, 내가 큰마음을 먹지 않아도 내 집이 있을 거라는 무책임한 생각이었습니다. 그리고 그 생각에 동반된 감정은 '억울함'이었어요.

'오전 9시부터 오후 6시까지, 야근이나 회식을 할 때는 자정이

넘도록 일하다가 집에 들어오는데, 그 정도는 돼있는 게 정상 아니야?'

아무도 가지라고 한 적 없는 감정이었습니다. 그 억울함을 휘적휘적 옆으로 치우고 냉정하게 생각해보니 지금껏 외면하고 있던 사실이 하나 떠올랐어요. 바로 세상 모든 일은 내가 의지를 가져야 비로소 시작된다는 만고불변의 진리였습니다.

취직 후 모은 돈을 계산해보니 아득해졌습니다. 집값을 바라보니 아찔해졌고요. 성실하게 직장 생활을 해도 나는 내 집 마련 하나조차 이룰 수 없겠구나. 그리고 뒤이어 이런 생각이 들었어요.

'미래에 자연스레 돼있을 일이라고 생각하지 말고, 지금부터 내가 해야 할 일이라고 생각해야 하지 않을까? 꼭 오늘 집을 사지 않더라도 이제부터 차근차근 계획을 세워서 2년 뒤에 움직여야 하지 않을까? 그걸 위해 공부해야 하지 않을까?'

그렇게 저는 만 25세 때 처음으로 월급을 모은 돈에다가 대출을 받아 아파트를 사게 되었습니다. 그리고 다음 해에 아파트를 한 채 더 구매해 2주택자가 되었고요. 사실 제가 가진 아파트 두 채는 다른 누군가의 한 채에도 한참 못 미칠 정도이긴 합니다. 둘 중 하나는 6천만 원대로 구매한 뒤 리모델링을 해 월세를 주고 있는 지방의 아파트고, 다른 하나는 전세를 끼고 산 1억 원 후반대의 수도권 아파트거든요. 서울에 있는 좋은 집은 아니지만 회사로 통근할 정도는 되는 곳입니다. 2주택자라고 해도 두 채를 합쳐서 구매가가 2억 5천만 원도 안 되는 데다가, 대출금과 내줘야 할 전세금을 제외하면 제가 실제로 들인 돈은 그리 많지 않습니다.

하나 재밌는 건, 정작 지금의 저는 남의 집에 월세를 내고 살고 있다는 사실입니다. 내 집은 남에게 빌려주고, 남의 집에 세 들어 살고 있는 웃픈 상황이죠. 그런 와중에 한차례 월세 계약 파기 건으로 임차인이 2년마다 겪어야 하는 현실이 무엇인지 똑똑히 목격하게 되었고, 강남의 비싼 월세를 살면서 왜 넓은 집에 살아야 하는지, 왜 회사와 가까운 집에 살아야 하는지를 깨닫게 되었습니다. 그 모든 과정에서 '내 집'에 대한 생각은 나날이 확고해지고 또 깊어지고 있고요.

어쨌든 지금의 저는 내 집이 있다는 사실 그 자체만으로 좋기도 합니다. 누군가가 보기에는 영 부족한 집이겠지만, 저에게는 그 어느 곳보다 의미 있고 사랑스러운 집입니다. 매번 저희 엄마는 '집을 가진 사람이 누릴 수 있는 안정감'이라는 게 있다고 강조하셨는데, 그게 뭔지도 조금은 알 것 같았고요. 집을 사니 그때부터 부동산에 관심이 커져서 공부도 열심히 하고 있습니다. 공부를 하면서 내 집 마련은 부동산 투자와 떼려야 뗄 수 없다는 사실을 알게 됐습니다. 제 경우에는 적은 돈이지만 월세를 받는 임대인이 된 것, 아직은 전세를 주고 있지만 곧 들어가 살 집의 소유자가 된 것이 부동산 투자라면 투자일 수 있습니다. 하지만 그것 외에도 요리조리 방법을 찾으려고 공부하고 있죠. 월급으로 먹고사는 직장인이 투자를 배제하고서 고고하게 저축만 하기에는, 현생에서 꿈꾸는 집까지 도달할 수 있는 방법이 도무지 없더라고요. 그냥 '내 집'도 좋지만, 기왕이면 하루라도 빨리 '좋은 내 집'에 살고 싶어서 매일매일 머리를 쥐어짜는 중입니다. 이런저런 경험을 하면서 좋은 투자 방법과 투자처에 대한 안목이 길러지고 나만의 원칙이 생기는 것도 쏠쏠한 재미입니다. 아직은 돈이 없어서 직접 들어가 살 수는 없지만, 내 집으로 이사하는 날을 기대하면서, 그다음에는 조금 더 좋은 내 집으로 가는 날을 기대하면서 돈을 열심히 모으고 굴리고 있습니다.

한편, 그 내용을 이렇게 글로 쓰려니 고민이 되더라고요.

'나는 왜 이 글을 쓰고 있는 걸까? 왜 다른 사람에게 내 이야기가 닿았으면 할까?'

'부동산 전문가도, 성공한 투자자도 아닌 지극히 평범한 내가 할 수 있는 이야기는 무엇일까? 어떤 메시지를 전달할 수 있을까?'

저는 이 의문이 먼저 해결돼야 한다는 생각이 들었습니다. 그래야 책이라는 그럴듯한 도구를 통해 제 이야기를 선보이는 게 찜찜하지 않을 테니까요. 그렇게 생각을 정리해보니 다음 3가지 정도면 '2030세대를 위한 내 집 마련 지침서'는 아니어도, '2030세대가 읽어볼 만한 내 집 마련 경험담' 정도의 자격은 갖출 수 있을 것 같았습니다.

첫째, 내 집을 원하면서도 행동하지 못했던 요인들을 정리하고, 지금까지 내린 결론들을 공유하는 것. 둘째, 지금 당장 흡족할 만한 집이 아니더라도 적은 종잣돈으로 구매할 수 있는 집이 있었다는 것과 그 집이 마지막 집은 아닐 테니 너무 걱정하지 않아도 된다는 것. 셋째, 집을 사는 과정이 그다지 어렵지 않다는 사실을 알려주는 것. 정리하자면, 부동산 공부를 어렵고 먼 것으로 느끼던 제가 작은 아파트를 하나 산 후에 오히려 더 크고 구체적인 내 집 마련의 꿈을 꾸게 되었다는 이야기입니다. 이렇듯 아무것도 모르고 두려워하기만 하던 제가 뭐라도 해냈으니, 이 글을 보시는 여러분은 그 이상도 할 수 있겠다는 희망을 품게 되지 않을까요?

이 책에는 그러한 메시지를 담아 제가 사회생활을 시작하면서 남의 집에 살던 이야기, 그 속에서 내 집을 사야겠다고 다짐하게 된 이유들 그리고 내 집을 구매해서 남에게 세를 주게 된 계기와 과정들을 기록했습니다. 그 안에서 생겨난 재밌는 에피소드들도 있고요. 누구에게나 있을 수 있는 일을 담은 시트콤을 보듯 가볍게 읽어주세요. 전문가가 등장하는 뉴스나 다큐멘터리도 아니고 기승전결이 확실한 드라마도 아니지만, 이 글을 읽는 분들이 제 이야기를 통해 내 집 마련에 대해 흥미로운 '간접' 경험을 하고, 언젠가 내 집 마련이라는 멋진 경험을 '직접' 할 수 있기를 응원합니다.

부린이 유형 테스트

내 집에 살고 싶지만, 여전히 내 집 마련이 망설여진다면?
부린이 유형 테스트를 통해 나는 어떤 부린이 유형인지 확인해보세요.
(각 유형에 대한 자세한 설명은 뒷장을 참고해주세요.)

내가 내 집 마련을 망설이는 가장 큰 이유는? START

A. 돈이 없다

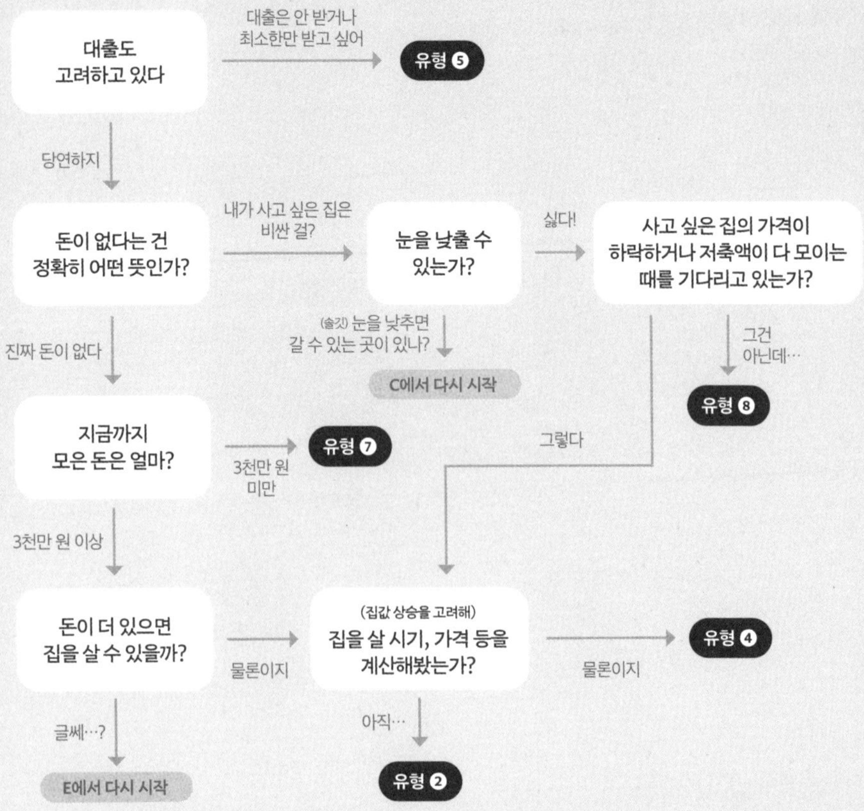

B. 집값이 떨어질 것 같다

공부해서 나온 결론인가?

아니다 → **유형 ❶**

당연하지 ↓

오를 수도 있다는 생각을 해봤나?

글쎄…? → **유형 ❷**

당연하지 ↓

유형 ❹

C. 부동산 지식이 없다

그동안 왜 공부를 안 했지?

실패할까 봐 두려워 시작도 못 했네! → **유형 ❸**

어디서부터 어떻게 해야 할지 몰라서 ↓ **유형 ❶**

굳이…? 공부는 너무 귀찮아 ↓ **유형 ❻**

D. 아직은 때가 아닌 것 같다

그럼 적절한 때는 언제인가?

돈이 모였을 때 → **A에서 다시 시작**

생각 안 해봄 → **유형 ❻**

나이가 더 들면…? ↓

젊은 사람이 내 집을 마련하는 게 옳지 않게 느껴지는가?

어느 정도는… → **유형 ❺**

그건 아니지만 나이가 들면 내 집 하나는 있지 않을까? ↓

유형 ❻

E. 용기가 없다

왜 용기가 안 날까?

실패할까 봐 두려워 → **유형 ❸**

대출, 금리, 세금, 임장 등 심리적 장벽이 높다 ↓

C에서 다시 시작

TIP

내 집 마련을 망설이게 되는 원인은 복합적일 수 있습니다. 그럴 때는 가장 마음이 크게 키우는 방향으로 응답하며 테스트를 진행해보세요. 너무 복잡하거나 덜 중요하다고 판단되는 질문들은 건너뛰어도 좋습니다.

유형 1

가이드가 필요한 부린이

부동산 공부, 어디서부터 어떻게 해야 할지 정말 막막하죠! 하지만 차근차근히 실천하다 보면 누구나 내 집 마련에 성큼 가까이 다가갈 수 있어요. 이 책에 생생하게 담긴 저의 내 집 마련 이야기를 통해 간접 경험을 해보시면 훨씬 더 도움이 될 거예요. 제가 공부했던 방법도 빼놓지 않고 하나하나 소개해드릴게요.

참고하면 좋은 내용

- 자취방 침대에서 부동산 공부하기 — 214쪽

유형 2

생각 정리가 필요한 부린이

내 집을 마련하긴 해야겠고 이런저런 생각도 해봤지만, 머릿속에 생각이 명확하게 정리가 되지 않았군요! 제가 제안하는 방법은 간단해요. 내 집 마련 여부와 향후 집값 상승/하락에 따른 시나리오를 한번 생각해보세요. 그러면 지금 내가 어떻게 하는 것이 가장 좋을지 알 수 있을 거예요. 내 집 마련의 첫 단추를 끼우는 일, 절대 어렵지 않아요.

참고하면 좋은 내용

- 부린이 탈출 비법
  집값 등락 속 내 집 마련 시나리오 — 198쪽

유형 5

소싯적 모범생이었던 부린이

대출은 가능하면 안 받아야 한다거나, 젊은 사람이 집을 사려고 하는 것은 아무래도 조금 찝찝하다고 생각하나요? 아마도 모범적으로 학창시절을 보내고, 훌륭한 사회 구성원으로 성장한 분이 아닐까 싶네요. 빡빡해진 사회적 분위기 속에서 내 집 마련을 추구하기란 쉽지 않지만, 내 집을 사고 내 집에 살고 싶은 마음을 일부러 꽁꽁 숨겨둘 필요는 없어요. 우리 내 집 마련의 소망을 포기하지는 말자고요!

참고하면 좋은 내용

- 나를 부린이로 머물게 했던 5가지 잡생각 — 33쪽

유형 6

내 집 마련에 조급함이 없거나 귀차니즘에 정복당한 부린이

아직 집에 대해 조급함이 없나요? 아니면 귀차니즘에 정복당했나요? 그럴 수도 있어요. 그렇지만 내 집 마련은 나이가 든다고 해서 자연스럽게 되어 있는 일이 아니에요. 이 책을 읽으면서 '아, 나도 내 집 마련할 만하겠는데?' 하고는, 다시 한번 부동산 공부에 대한 의지를 다지실 수 있다면 좋겠네요!

참고하면 좋은 내용

- 남 집 살이와 관련된 '돈' 문제 — 59쪽
- 이 책 전체

유형 3

실패가 두려운 부린이

완벽주의인 당신, 아마도 실패에 대한 경험이 많이 없을지도 모르겠어요. 그렇지만 외면하는 게 답이 아니라는 것을 잘 알고 있잖아요? 한번 한다면 끝까지 잘 해내는 나 자신을 믿어 보자고요. 집이 집으로서 기능을 잘하고 있는지를 간파할 수 있는 안목을 키우고, 감당할 수 있는 수준만 잘 계산해두면 문제없이 내 집을 마련할 수 있어요.

참고하면 좋은 내용

- 매물은 결국 집이고, 집은 결국 매물이다 — 171쪽
- 영끌 금지! 감당할 수 있는 집값을 책정하는 방법 — 260쪽

유형 4

승부사 기질이 있는 부린이

이미 여러 가지로 생각을 해보셨군요! 어쩌면 당신은 부린이가 아닐지도요! 계속 공부하며 다른 시각의 이야기를 들어보면 좋겠어요. 다만 집값이 그대로 유지되거나 떨어질 거라는 전망은 아무도 장담을 할 수 없고, 내가 세워둔 저축 계획이나 자금 조달 계획도 원하는 대로 맞춰지지 않을 수 있으니 집값 전망보다는 내 집 마련 전략에 집중해보세요!

참고하면 좋은 내용

- 부린이 탈출 비법
  집값 등락 속 내 집 마련 시나리오 — 198쪽
- 부린이 밸런스 게임: 막상 내 집 마련을 하려니 고민되는 것들 — 236쪽

유형 7

종잣돈이 필요한 부린이

이제 막 사회생활을 시작하셨나요? 수입이 적나요? 저축을 미처 못했나요? 괜찮아요. 너무 조급해하지 않아도 돼요. 천천히 종잣돈을 모으면서 공부를 해나가면 되니까요. 종잣돈이 적어도 살 수 있는 집이 있고, 할 수 있는 부동산 투자가 있어요. 다만, 나 아닌 누구도 나를 도울 수 없으니 절대 종잣돈이 없는 상태를 방치하면 안 돼요! 적절한 선에서 수입을 늘리거나 저축을 늘리는 방법도 생각해보세요.

참고하면 좋은 내용

- 부린이 고민의 무한 루프에서 탈출하는 법 — 203쪽

유형 8

눈이 높은 부린이

누구나 좋은 집에 살고 싶어 하지만 첫술부터 배부를 수는 없는 법! 집값 등락 속에서 내 집 마련 시나리오에 대해 한 번 더 찬찬히 생각해 보세요. 만약 눈을 낮출 준비가 되었다면, 어떤 것들을 잠시 포기해야 하는지 생각해보는 것도 좋아요.

참고하면 좋은 내용

- 부린이 탈출 비법
  집값 등락 속 내 집 마련 시나리오 — 198쪽
- 부린이 탈출 비법
  지금은 잠시 내려놓아야 할 내 집의 조건들 — 175쪽

차례

3장

만 25세, 월세 받는 집주인이 되다

4장

진짜 내가 살 수 있는 집을 사다

5장

부린이는 부른이로 성장 중

6장

감이 잡히는 부동산 공부법

1장

내 집 마련에 도달하기까지 넘어야 할 산

내 집 마련,
왜 해야 할까?

■■■ 나는 20대에 2주택자가 됐다. 물론 부모님으로부터 집을 증여받은 것도 아니고, 현금을 지원받지도 않았다. 직장인으로서 활용할 수 있는 대출을 쓰고, 저축한 것을 보태서 집을 구매한 것이다. 두 채의 매매가를 합쳐 봤자 2억 5천만 원이 안 된다. 내 수준에 알맞은 집을 샀기 때문이다.

나는 세간에서 말하는 금수저는 아니지만, 엄마가 생활을 꾸려 나가면서 스스로 터득해 나에게 가르쳐준 지혜를 생각하면 금수저라고 할 수 있다(착한 딸인 척하는 게 아니라, 진짜로 그렇게 생각한다). 엄마가 용기를 북돋아 주지 않았더라면 아마 저렴한 집 한 채를 사는 것도 불가능했을 것이다.

생각해보면 경제관념이나 집, 돈에 관한 가치관은 부모의 영향을 많이 받는다. 일평생 성실히 저축만 하며 살아온 부모 밑에서 자란 사람은 주식이라도 할라치면 큰일이 날 것만 같은 기분을 느낀다. 어릴 때부터 전셋집에 살아왔던 사람은 집을 살 생각은 하지 않고 계속 전세살이를 고려하는 경우가 다반사다. 이와 마찬가지로 내가 집에 관심을 두게 된 것 또한 엄마의 영향이 크다. 이제는 나도 엄마랑 집이나 부동산 투자에 대해 이런저런 이야기를 하고 역으로 엄마에게 의견을 줄 수 있는 정도가 되었지만, 생초보 시절 나의 '내 집 마련 스토리'에서 엄마의 역할은 절대 빠질 수 없는 부분이기도 하다.

내가 초등학생 때까지만 해도 부모님은 집을 살 생각은 하지 않고 계속 전셋집에 살았다. 그러던 어느 날 엄마는 전셋집을 옮기려다가 전에 살던 집에서 전세금을 돌려받지 못하는 상황을 겪게 됐다. 새로 이사할 집의 주인 할머니는 엄마에게 잔소리를 해댔다.

"새댁! 돈이 없으면 전세 살 생각을 하지 말아야지!"

전 집주인이 전세금을 꼭 내준다고 하고서는 돈을 주지 않는 상태였다. 엄마는 두 달 동안 4살도 안 된 나를 데리고 매일같이 집주인을 찾아가 전세금을 돌려 달라고 사정했다. 엄마는 화가 나고 서러웠다고 했다. 어린 딸은 영문도 모르고 따라와 있지, 내 돈인데도 돈을 못 돌려받고 있지, 과연 서럽지 않을 이유가 없었다. 결국 집주인의 아들이 전세금을 돌려주긴 했지만, 이 일을 계기로 엄마는 앞으로는 절대 전세에 살지 않겠다고, 작은 집이라도 꼭 내 집을 가져야겠다고 다짐했다.

그 과정에서 아빠는 엄마에게 알아서 하라며 집에 관한 문제를 등한시했다. 아빠가 집에 관심이 없었던 이유가 있긴 했다. 장남이었던 아빠는 부모님으로부터 물려받을 집이 이미 두 채나 있었기 때문이다. 그런데 그 집들은 지금으로 치면 인프라가 전혀 없는 시골 구석에 있었다. 지금까지도 사람의 발길이 닿지 않아 10년 전 집값과 지금의 집값이 크게 다르지 않은 곳이다. 시내로부터 떨어져 있는 촌마을에 있었고, 주변은 온통 논밭이었다. 생필품이 떨어지면 백화점이나 마트가 아니라 구판장을 가야 했고, 학원은커녕 젊은 사람 하나 찾기가 어려웠다. 엄마가 보기에 나를 교육하기에는 도무지 적절하지 않은 곳이었다.

그 시절 엄마의 머릿속은 '내 딸은 나보다 더 나은 삶을 살도록 만들겠다'는 생각으로 가득 차 있었다. 집은 엄마의 진짜 목표가 아니었다. 엄마의 목표는 나를 잘 키우는 것이었다. 그래서 엄마는 '조금 모아둔 돈에 대출을 받아서 우리 딸 기르기 좋은 동네에 집을 하나 사면 어떨까?' 하고 생각하게 됐다. 오늘날 내가 나의 좋은 집을 꿈꾸는 데 결정적인 계기가 된 엄마의 주택 구매 스토리는 이렇게 시작됐다.

요즘도 그런지 모르겠는데, 내가 초등학생일 때는 학교에서 주기적으로 통장과 현금을 일괄 수거해 저축을 해줬다. 저축왕에게는 상도 줬다. 그 시절 나는 저축왕은 아니었으나 그 통장에 있던 돈을 우리 가족이 집을 살 때 보태게 됐다. 그건 저축왕보다 몇 배는 더 대단한 것이었다. 단순히 집을 샀기 때문이 아니라, 엄마가 그 돈을 보태 집을 산 것이 내 인생에 큰 영향을 끼쳤기 때문에 엄청난 가치가 있었다. 따지고 보면 부모님의 돈이 그냥 내 통장에 차곡차곡 쌓여있었던 거지만, 어쨌든 엄마는 어린 나에게도 돈을 사용할 때 동의를 구했다.

2000년대 초중반, 당시 은행은 지금과 다르게 사람들에게 쉽게 돈을 빌려줬다. 소득이 없는 전업주부에게도 돈을 빌려줬다고 하니 말 다했다. 물론 금리는 8~9% 정도로 높았다. 엄마는 내 통장에 들어있던 1,500만 원에 대출을 받아 작은 빌라를 하나 구매했다. 내 고향에서는 대장 동네라고 할 수 있는 곳에 있는 10평 내외의 작은 빌라였다. 내가 다니는 학교도 가깝고, 주변에 아파트 단지가 많아서 학원이나 상가도 많아 생활하기에 제격이었다. 아빠는 타지에서 일하고 있었기에 엄마와 어린 내가 살기에는 충분했다. 학교가 가까운 것, 학원이 있는 것, 상가가 많은 것은 누구에게나 좋은 주거 환경이다. 우리에게 좋은 집은 대체로 남에게도 좋은 집이 되는 법이다. 그래서 엄마는 이 빌라에 다른 사람들의 수요가 있을 것으로 생각했고, 같은 빌라의 다른 매물도 사들였다. 비록 20세대가 채 안 되는 빌라였지만, 위치가 좋아서 월세, 사글세(셋집을 얻을 때 임차 기간의 차임 전부를 미리 지급하고 매월 월세를 공제하는 방식) 회전이 가능했다.

그렇게 엄마는 한 채는 월세를 주고, 한 채는 직접 거주하면서 월세를 받는 집주인이 됐다. 당시 전업주부로서는 꽤 대범한 선택이었다. 그리고 8년 동안 꾸준히 25~35만 원 정도의 월세를 받았다. 대출에 대한 이자는 월 3~5만 원 수준이었다. 시골집도 임대해 6년간 꼬박꼬박 월세 35만 원을 받았으니 전업주부가 가만히 앉아서 받는 수입으로 나쁘지 않았다. 2천만 원에 산 이 집을 엄마는 몇 년 후 4천만 원에 팔았다. 당시의 나는 어렸지만, 엄마가 일을 가지도 않는데 돈이 들어온다는 것 그리고 예전에는 2천만 원이었던 집이 4천만 원이 된 것이 신기했다. 물론 2천만 원이 큰돈은 아닐 수 있지만, 비율로 따지자면 2배가 된 거니까! 새로운 세상을 알게 된 기분이었다. 집을 여러 채 갖고 있으면서 그 집에 살기도 하다가, 남이 살게 하면서 월세도 받을 수 있구나. 거기에다가 시세 차익까지 얻게 된다니(물론 시세 차익이라는 단어는 아주 나중에 알게 됐다). 내 기억으로는 엄마의 손을 거쳐간 집은 총 다섯 채 정도 되는데, 지금 엄마가 살고 있는 집을 제외하면 모두 6천만 원 이하였다. 돈이 없어서 어쩔 수 없긴 했어도, 소액으로 할 수 있는 최선을 해낸 것이다.

사실 아빠는 직업 운이 좋지 않아 소득이 불안정했다. 실질적으로 가계를 꾸려가는 엄마는 나를 키우는 내내 긴장의 끈을 한

번도 놓은 적이 없었다. 어린 나 역시 우리 집에 들어오는 돈이 충분하지 않다는 것을 알고 있었다. 돈은 눈에 보이지 않으면서도 쉽게 우리 가족을 불행하게 만들었다. 이런 상황에서 엄마의 주택 매매라는 도전은 내 성장에 꽤 큰 경제적, 정신적 밑거름이 됐다. 엄마는 모르겠지만, 나는 우리 가족에게 집이 많이 있다는 사실이 내심 뿌듯했다. 그리고 집이라는 존재와 안정적인 주거의 중요성을 인지하게 되면서, 나중에 꼭 돈을 많이 벌어서 좋은 집을 사야겠다는 생각도 하게 됐다.

한편, 엄마는 외할머니와 외할아버지의 내 집 마련도 도왔다. 외할머니, 외할아버지는 집값이 오르기 전에 갖고 있던 집을 팔아버리고는 손주가 초등학생이 될 때까지 10년 넘는 세월을 그냥 월세로 살고 계셨다. 보증금 2천만 원에 월세 30~35만 원짜리 집이었다. 그곳은 넓거나 동선이 좋은 집도 아니었고, 두 분께서 오래 사실만 한 집은 더욱 아니었다. 그래서 엄마는 두 분께 집을 마련하자고 제안했다.

엄마가 구매를 권한 집은 6천만 원이 안 되는 오래된 아파트였다. 현금 4천만 원에 1,700만 원의 대출을 일으켜 산다는 계획이었고, 대출은 원리금(원금과 이자를 합친 돈) 균등 상환으로 월 상환액이 13만 원도 안 됐다. 월세 30만 원이 아닌 월 원리금 13만 원으로 두 분이 편히 사실 수 있는 아파트를 마련할 수 있었다. 현실적으로 집을 사지 않을 이유가 없었다. 그런데 외할아버지는 엄마한테 "너는 참 별나다"라며 매번 잔소리를 하셨다. 엄마는 "월 지출을 20만 원이나 줄일 수 있고, 시간이 지나면 아파트 하나가 아버지 집이 되는 구조인데, 뭘 그렇게 무서워하세요?"라고 반문했다. 우여곡절 끝에 외할아버지는 결국 그 집을 샀다. 현재 20년 만기의 대출은 상환이 거의 끝나가고 있고, 아파트 가격은 당연히 올랐다.

엄마가 우리 집과 외가의 집을 마련하는 모습을 하나하나 다 지켜봤던 나로서는 엄마를 존경할 수밖에 없었다. 특히 성인이 되고 경제활동을 시작하고서는 새삼 엄마가 더 대단하게 느껴진다. 가끔은 엄마한테 나의 소회를 말한다.

"엄마, 아무리 생각해봐도 엄마가 집을 샀던 건 탁월한 선택이었어."

그러면 엄마가 쿨하게 답한다.

"계산기 두드려보면 바로 답 나오는 거였는데, 뭐~"

내가 모르는 우리 집 재산은 없다

▪▪▪ 집이나 돈에 관한 생각은 부모의 영향을 많이 받는 것이 사실이지만, 부모가 확고한 경제관념이나 투자 방식을 갖고 있다고 해서 자녀들이 그 과정을 자연스럽게 이해하고 받아들이는 것은 아니다. 서울에 집을 살 수 없을 것 같다는 20대 후배들의 걱정을 들으며 회사 부장님은 이렇게 말씀하셨다.

"부모님이 상속해주려고 너희 몰래 갖고 있는 집이 분명히 있을 거야."

나는 이 말을 듣고 의문이 생겼다. '진짜 우리 부모님이 나 몰래 집을 갖고 있나?'가 아니라 '아니, 부모님이 집을 갖고 있는데 그걸 자식이 모를 수가 있나?'라는 의문이었다.

알고 보니 성인이 된 후에도 본가가 자가인지, 전세인지 모르는 사람이 많았다. 나는 아빠가 물려받았던 집, 엄마가 갖고 있는 집뿐만 아니라 부모님의 손을 거쳤던 집의 존재는 모두 다 알고 있다. 부장님의 말씀과 다르게 내가 모르는 우리 부모님의 재산은 없다. 내가 중학생일 때부터 엄마가 자신의 투자 경험을 가장 가까이에서 지켜볼 수 있도록 해주었기 때문이다. 그 와중에 인생을 살면서 본인 소유의 집이 왜 필요한지부터 어떤 생각과 계산으로 집을 구매하게 된 건지, 우리 집의 재산은 어떻게 구성돼 있고 또 어떻게 굴러가고 있는지까지 모든 것을 사실대로, 숫자로 하나하나 보여주면서 알려줬다. 그런 이유로 17살 때는 집안의 재산 상태를 모두 파악한 상태였고, 그 이후로도 내 머릿속 우리 집의 재산 현황은 때론 기쁨과 함께, 때론 슬픔과 함께 지속해서 업데이트됐다.

엄마는 우리 집의 재산 상태를 왜 나에게 알려주려고 하는지, 왜 그렇게 돈이 중요하다고 강조하는지 그 이유에 대해서도 종종 이야기해주었다. 나의 외할머니, 외할아버지께서는 엄마가 어렸을 때부터 늘 "돈이 중요한 게 아니다"라고 말씀하셨다고 한다. 아빠랑 결혼한 엄마에게 부부간에 비자금을 만들어두거나 재무 상태를 속이는 일이 있어서는 안 된다고도 하셨다. 그 시절은 그런 때이기도 했다. 돈을 터부시하고 다른 가치를 추켜세우는 세상이었고, 따뜻한 감정을 위해 때로는 가장 차가운 돈이 필요하다는 사실을 무시하던 때였다. 하지만 나를 키우면서, 세상 일이 마음같이 돌아가지 않는다는 사실을 알게 되면서 엄마는 20대 때 그런 말들을 믿고 따랐던 게 후회됐다고 했다.

'돈이 왜 안 중요하냐! 돈이 중요하다고 누군가 20대의 나를 조금만 일깨워줬더라면 내 딸을 키우는 일이 덜 어려웠을 텐데!'라는 푸념은 엄마가 종종 어린 날의 자신에게 그리고 나에게 속상한 듯 토해내는 말이었다. 그리고 엄마는 '내 딸에게는 내가 그런 존재가 돼줘야지. 진짜 세상이 어떻게 돌아가는 건지 가르쳐줘야지'라고 다짐했다.

그때부터 엄마는 경제에 관한 책을 섭렵하기 시작했다. 아직도 나에게는 책을 읽는 엄마의 모습이 인상 깊게 남아있다. 성인이 되고 나서 휩쓸리듯 경제 공부에 뛰어든 나에게 경제 공부깨나 했다는 사람들이 꽤 여러 권의 책을 추천해줬다. 그럴 때마다 나는 '어? 이거 우리 엄마가 읽던 건데?' 하고 신기해했다. 엄마의 책꽂이에는 경제 공부, 부동산 공부의 바이블로 꼽히는 책들이 가득했다. 《부자 아빠, 가난한 아빠》 같은 책들은 나에게도 익숙한 책이었다. 엄마가 공부를 할 당시에는 활자가 정보를 얻을 수 있는 가장 거대한 창구였기 때문에, 엄마는 책을 통해 자본 시장이 어떻게 돌아가는지, 세상의 돈이 어디에서 어디로 흘러가는지 감을 잡았다. 그리고는 배운 것을 바로 실천으로 옮겼다. 미리 그런 생각을 하고, 착실히 공부하고 있었기 때문에 엄마는 주택 매매에 도전할 수 있었던 것이다. 그런데도 다른 가족이나 친척들은 엄마를 뜯어말리기 바빴다.

"여자가 간만 커서는, 돈도 없는데 어디 겁도 없이 집을 사려고 해!"

엄마는 이건 성별이나 성향의 문제가 아니라 조금만 생각해보면 답이 나오는 문제라고, 과장 좀 보태 투쟁을 했다고 했다. 엄마가 나 하나 잘 키우려고 이런 타박을 들으면서도 용기를 냈다니 어쩐지 조금 슬프기도 하지만, 엄마가 더욱 존경스럽게 느껴진다. 그렇게 엄마는 나를 키워냈다.

다른 가정을 보면 어렸을 때부터 돈에 대해 가르치는 것을 터부시하는 경우도 있는데, 나는 엄마 딸이라서 그런지 엄마의 방식이 옳았다고 생각한다. 내 경우 취업 후 어떻게 돈을 모으고 쓸 것인지 미리 생각해보고 목표를 정해둘 수 있었기 때문에 편했다. 재무적 목표를 달성하기 위해 저축을 했고, 더 발전적으로 살기 위해 가치 있는 경험을 찾아 소비했다. 어떤 배움이든 나의 이야기, 우리 집 이야기부터 시작하는 게 효과적이라는 사실을 부정할 수 없다. 여전히 배우는 입장에서 지식과 지혜를 계속 쌓아가는 중이지만, 생각해보면 나는 경제 관련 지식이 전무할 때도 이미 확실한 신념을 갖고 있었던 것이다.

'내 집이 필요하다, 그걸 위해서 뭔가 해야만 한다!'

집이 그대를 자유롭게 하리라

▪▪▪ 최근 엄마는 작은 종잣돈으로 주식 투자자가 됐다. 엄마는 내가 어렸을 때는 전업주부였지만, 내가 중학생이 된 이후부터는 직장에 다니기 시작했다. 그러던 어느 날 엄마가 "이제 너도 다 키웠고, 아빠 월급으로 생활비를 줄여 쓰면서 살 자신 있으니까 더 이상 일을 하지 않겠다"라고 선언했다. 나는 엄마가 이런 선전포고를 할 수 있었던 이유는 지금 사는 집이 엄마 소유이기 때문이라고 생각한다. 만약 가만히 있어도 빠져나가는 월세가 몇십만 원이었다면 엄마는 선뜻 일을 관둘 수 있었을까? 지방 도시에 있는 작은 집일지언정, 내 집이라는 최소한의 뒷배가 있었기 때문에 엄마는 일을 그만둘 수 있었다. 이렇듯 집은 엄마

에게 일을 그만두고 싶을 때 그만둘 수 있는 '선택권'을 줬다. 조금 더 부풀리자면 '자유'를 선물한 것이다. 나는 서서히 자유를 찾아가는 엄마를 보면서 꼭 내 집을 가져야겠다고, 내 집에 살아야겠다고 생각했다.

전업 투자자가 된 후로 전화기 너머 엄마의 목소리가 밝아졌다. 자유로움이 묻어난다. 지금껏 엄마가 가졌던 직업 중에 전업 투자자가 자기와 가장 잘 맞고 또 재밌다고 했다. 엄마는 엄마가 주식 투자에 성공하면 이제라도 딸내미가 금수저가 될 수 있지 않겠냐며 매일 열심히 공부 중이다. 이제는 엄마가 그냥 자기 인생을 살았으면 좋겠지만, 30년 가까운 세월 동안 엄마에게는 나의 행복이 엄마의 행복으로, 나의 불행이 엄마의 불행으로 프로그래밍이 돼있어서 쉽지 않은 모양이다. 하지만 나의 성공이 엄마의 성공이었던 시간을 지나, 이제 곧 엄마가 자신만의 성공을 이뤄낼 수 있을 것 같아서 기대된다. 나 역시 더 멋진 사람으로 독립해서 엄마에게 보답하고 싶다.

엄마가 온 힘을 다해 나를 키워내는 동안 나는 엄마의 희생을 토대로 배우고 싶은 것을 배우고, 하고 싶은 것을 하고, 가고 싶은 곳을 가면서 편안하고 행복하게 살 수 있었다. 지금 당장 내가 가진 것은 지방의 18평짜리 작은 아파트 하나와 거주 목적으로 전세를 끼고 구매한 수도권의 아파트 하나 그리고 (그에 상응하는) 빚이다. 거창하다고도 할 수 없고, 성공이라고도 말할 수 없지만, 나는 이 모든 것이 내가 원하는 삶을 살아가기 위한 소중한 과정이자 새로운 시작일 거라고 자신 있게 말할 수 있다. 앞으로도 엄마의 든든한 정서적 지지와 함께 내가 새롭게 터득해 나갈 삶의 지혜가, 그렇게 만들어갈 미래가 무척이나 기대된다.

나를 부린이로 머물게 했던 5가지 잡생각

■■■ 누구나 시작은 부린이(부동산 + 어린이, 부동산 투자·공부 초보자)다. 부린이 진입 전에는 어린이 단계가 있다. 어린이 때부터 우리는 돈과 노동에 대해 사회 구성원이 가져야 할 태도를 주입받는다. 그런데 그 어린이는 어느 순간 어른이 돼 돈벌이를 시작한다. 그러면서 자본주의라는 세상의 질서에 참교육을 당하고 있는 자신의 모습을 발견한다. 참교육의 교훈이 쓰고도 아릿하게 다가올 때, 학창 시절 학교 선생님들이나 주변 어른들이 말씀하셨던 돈과 노동에 대한 격언(?)들이 떠오른다.

'돈은 중요한 게 아니다.'

'좋은 대학 나와서 좋은 직장 다니는 게 성공한 삶이다.'

'젊을 때 고생해서 40~50대쯤 되면 편안하게 사는 거야.'

'열심히 벌어서 저축할 생각을 해야지, 빚낼 생각을 하면 안 돼.'

하지만 적어도 내게는 이러한 생각을 버리는 것이 부린이를 감싸고 있는 알을 깨는 데 도움이 됐다.

돈은 중요한 게 아니다?

우리가 어렸을 때부터 알게 모르게 주입당하는 돈에 관한 금기사항이 몇 개 있다. 그중 가장 먼저 버려야 할 생각은 '돈은 중요한 게 아니다'라는 것이다. 나는 어릴 적부터 우리 가족을 보며 돈의 중요성을 깨달았지만, 아이러니하게도 그렇기 때문에 돈에 얽매이지 않으려고 노력했다. 그래서 그간 돈보다 더 중요한 가치가 존재한다고 주장하는 낭만주의자이자, 속세로부터 체통을 지키는 선비인 척 살았다. 성인이 된 이후 줄곧 돈의 매운맛을 보고, 돈이 없으면 다른 중요한 가치들에 금이 간다는 것을 인지하면서도 그랬다. 돈과 돈이 아닌 것이 서로 완전히 배치된다고 스스로에게 세뇌하며 지낸 시간이었다. 하지만 이제는 돈이 다른 가치를 지키는 수단이 될 수 있다는 것도, 그것들이 공존할 수 있다는 것도 알고 있다.

'돈은 중요한 게 아니다'에 대한 해석은 크게 2가지로 나뉜다. '돈이 중요하지 않다'와 '돈도 중요하지만, 더 중요한 게 있다'이다. 전자인 '돈이 중요하지 않다'가 되면 안 된다. 과연 돈이 안 중요할까? 아무도 그렇게 생각하지 않는다. 그런데 "돈이 중요한 게 아니야. 돈 많아도 불행한 사람 많아. 세상에는 돈보다 더 중요한 가치가 있어"라는 대사는 왜 이렇게 부정할 수 없는 당연한 진리처럼 느껴질까?

채 30년이 안 되는 인생이지만, 지금까지 살아보니 돈을 좋아하지 않을 이유가 없다. 돈이 없는 상태를 합리화하고 위안 삼는 것 말고는 돈을 무시할 이유가 없다. 돈은 하고 싶은 것을 할 수 있게 해주는 수단이었고, 동시에 하고 싶은 것을 못 하게 만드는 걸림돌이었다. 그래서일까? 돈은 엄마, 아빠가 싸우는 가장 큰 이유였으며 책임감, 의지 그리고 사랑에 대한 증거이자 결과물이 되는 날도 있었다. 돈은 하루의 기분을 나락으로 떨어뜨리기도 했고, 내가 사랑하는 사람들을 행복하게 만드는 데 도움을 주기도 했으며, 눈으로 볼 수 있는 성과가 되기도 했다. 냉정하게 말하면 돈이 있어서 좋은 경우가 대부분이었고 돈이 없어서 좋은 경우는 없었다.

이는 돈이 없어도 행복할 줄 아는 것과는 다르다. 예를 들어 어느 가족이 돈이 없어도 행복하다고 말했다 치자. 그것은 돈이 없어서 행복한 게 아니다. 돈이 없는 힘든 상황에서도 행복하다고 말할 수 있기 때문에 행복한 것이다. 어떤 억만장자 노인의 다 큰 자녀들이 재산 상속 분쟁 때문에 괴로워한다면 그건 돈이 많아서 불행해진 게 아니다. 그냥 그 사람들이 사이가 좋지 않을 뿐이다.

'돈이 중요한 게 아니다'를 '돈도 중요하지만, 돈보다 더 중요한 것도 있으니 그 사실을 잊지 말자'라고 해석한다면 그것은 의미가 있다. 나는 건강과 사랑이 인생에서 가장 중요한 가치라고 생각한다. 그래서 부를 쌓는 데 몸과 마음을 갈아 넣은 나머지 젊은 나이에 건강을 잃었다면 "돈보다 더 중요한 게 있어. 그건 바로 건강이야"라고 분명하게 말할 수 있다. 사실 내가 돈을 버느라 건강을 해칠 일은 거의 없을 것이다. 건강을 해칠 만큼이라면, 뭔가 막중한 사명감이 있거나 내 생각을 세상에 증명하고 싶어서 열정적으로 움직이는 상태일 것이다. 그때의 돈은 이미 하나의 산출물에 불과할 확률이 높다. 그다음은 사랑인데, 돈보다 사랑이 중요하다고 말할 상황은 가정하기가 힘들다. 내가 재벌도 아닌데 드라마처럼 돈 때문에 사랑이나 우정을 포기할 일이 생길까? 설마 돈 많은 사람과 사랑하는 사람 중에 결혼할 사람을 고르는 상황을 가정해야 하나? 그렇다면 그건 나에게 돈이 있으면 해결될 문제다.

사람들이 돈은 중요한 게 아니라고 하니, 돈을 많이 벌고 싶어 하는 것이 과욕이고 비정상인 것처럼 느껴질 때도 있다. 사람들은 왜 다른 사람이 돈을 밝히는 것을 싫어할까? '밝히다'는 보통 좋은 의미로 쓰이지 않는다. 다만 '이성을 밝힌다', '음식을 밝힌다', '돈을 밝힌다'의 용례가 떠오르는 걸 보면, 많은 사람이 좋아하는 것 뒤에 붙어서 쓰이는 것은 확실하다. 한편, 국어사전에 나오는 '밝히다'의 여러 뜻 중에 '드러나게 좋아하다'의 의미가 있다. 돈을 드러나게 좋아하는 게 문제가 되는 이유가 뭘까? 그것은 아마도 내가 돈을 좋아하는 마음이 비정상이거나 그게 아니라면 사람들이 돈을 좋아하는 마음 자체를 문제 삼기 때문이다.

앞서 말했듯이 돈을 좋아하지 않을 이유는 없어 보인다. 그렇다면 사람들이 누군가가 돈을 좋아하는 마음을 문제 삼는 것이라고 할 수 있다. 왜 사람들은 돈을 좋아하는 마음을 문제 삼을까? 그 이유로 3가지 가능성을 생각해볼 수 있다. 정말로 돈이 좋은 줄 모르거나, 돈을 밝히면 안 된다고 배워왔기 때문에 그냥 안 좋게 보거나, 그것도 아니라면 돈이 없는 자신의 상태를 합리화해야 하기 때문이다. 물론 내가 돈을 밝히는 것을 싫어하는 사람들의 감정을 컨트롤할 수는 없다(그럴 필요도 없다). 그래서 나는 돈에 관해 '남에게는 밝히지 말고, 나에게는 솔직하게 밝히자'라는 결론을 내렸다. 돈을 나에게 밝히는 것은 도움이 된다. 돈을 버는 방법과 돈을 불리는 방법을 공부하게 되기 때문이다. 인간관계나

일에서 지나치게 '돈, 돈' 하며 큰 그림을 못 보는 상황은 당연히 경계해야 하겠지만, 나에게 도움이 되는 방향으로 돈을 밝히는 마음을 잘 쓴다면 그것은 의미 있는 결과로 돌아올 것이다.

유튜브 채널 '신사임당'에 출연한 유튜버 너나위 님은 이런 말을 했다.

'자본주의는 감정이 없다.'

결국 이 한 문장에 모든 것이 함축된다. 자본은 내가 불쌍하다고 더 오지도 않고, 내가 충분히 가졌다고 해서 덜 오지도 않는다. 마치 컴퓨터와 같다. 컴퓨터는 나를 좋아하거나 싫어하지 않는다. 명령어를 입력하지 않으면 내가 원하는 대로 작동하지 않는다. 그래도 컴퓨터는 꺼놓고 있으면 나에게 미치는 영향이 없지만, 돈은 내가 살아가는 순간마다 작동하며 들어왔다 나갔다를 반복한다. 전원을 차단할 수가 없다.

자본주의는 지금 우리가 사는 세상의 큰 질서다. 그 질서를 잘 이용해서 한 번 사는 인생을 꽤 윤택하게 살아볼 것인지, 그 질서를 부정하다가 나중에 후회할 것인지 둘 중에 선택하라면 나는 망설임 없이 전자를 선택하겠다. 내가 할 수 있는 것은 주어진 상황과 지금 내가 가진 무기들을 활용해 나름의 전략을 세우는 것이다. 그리고 다른 사람으로부터 지식을 얻고 거기서 지혜를 터득해나가는 것이다. 자본주의라는 막강한 상대와 겨루며 어떤 때는 이기고 어떤 때는 지게 되겠지만, 거기에 대한 책임도 내가 지고 상흔도 내가 감내하면서 배우고 커나가야 한다. 돈을 무시하면 손해 보는 것은 결국 나다. 만약 뭔가 어긋나서 내가 꿈꾸는 장밋빛 미래를 현실로 맞이하지 못한다고 해도, 미래의 나에게 최소한 이렇게는 말할 수 있을 것이다.

'그래도 돈이 중요한 걸 알고 노력했으니, 아쉬움은 있어도 후회는 없어!'

돈은 중요하다. 그리고 돈을 좋아하는 것은 당연하다. 체면을 차리고 싶으면 남에게 드러나지 않게 좋아하면 된다. 나 자신에게 밝혀서 좋은 에너지로 쓰면 된다. 주저리주저리 이야기했지만, 결론은 하나다. 돈을 좋아하지만 괜히 찝찝한 기분이 드는 사람이 있다면 그 마음이 자연스러운 거라는 말을 해주고 싶다.

땀 흘려 번 돈만이 의미 있다?

나는 모범생이었다. 선생님 말씀을 잘 듣고 착실하게 책상 앞에 앉아있던 학생이었다. 학교는 내 세상의 전부였고, 교과서는 곧 내 삶의 방식이었다. 선생님은 나보다 먼저 태어난 인생의 선배로, 학창 시절의 나에게 조언을 해주는 몇 안 되는 존재였다. 학교, 교과서, 선생님의 이야기를 들으며 은연중에 나는 생각했다. '자본 소득으로 돈을 벌려고 하는 것은 욕심을 부리는 것이자 요행을 바라는 것이고, 근로 소득만이 열심히 사는 것에 대한 가치 있는 보상인가 보다'라고.

그런데 사회생활을 시작하고 돈벌이를 해보니, 내 한 몸 가져다가 정해진 자리와 시간을 지키며 일하는 것도 노동이지만, 여기저기 기웃거리며 세상이 굴러가는 방식을 공부하고, 보이지 않는 이치를 깨닫기 위해 노력하는 것도 노동이겠다는 생각이 들었다. 노동은 한자로 힘쓸 노勞에 움직일 동動을 쓴다. 그래서일까? 사회에는 '체력'과 그 체력을 수치로 환산한 '시간'을 써야만 제대로 된 노동을 한 거라고 인정하는 분위기가 있는 듯하다. 그러나 체제를 유지하기 위한 성실하고 경건한 노동만이 제대로 된 노동인 건 아니다. 나를 위해 건강하고 역동적으로 일하는 것도 힘써 움직이는 노동이며, 그것 역시 세상이 굴러가는 데 꼭 필요한 노동의 형태다.

학창 시절, 회사에 다니게 된다면 TV 드라마에 나오는 멋진 직장인이 되고 싶었다. 분명 직장인이 되긴 됐는데 생각보다 멋지지 않다. 쭈구리(?)다. 월급은 통장을 스쳐 지나간다더니, 마치

손가락 사이로 빠져나가는 모래처럼 허망하게 사라진다.

누구나 되고 싶다고 입버릇처럼 말하고, 서로에게 덕담을 건넬 때도 종종 사용되는 마법의 단어 '부자'. 과연 나는 따박따박 들어오는 월급을 받으면서 부자가 될 수 있을까? 회사에서 고생하며 벌 수 있는 돈이 얼마일까? 그냥 다 접어두고 단순하게 계산해보면 내 월급 200~300만 원을 하나도 안 쓰고 모은다 쳐도 1년에 3천만 원 남짓이다. 10년을 일해야 3억 원이다. 3억 원으로 살 수 있는 집은 지금도 살짝 곤란하다. 그런데 10년 후에는? 물가는 점점 더 올라간다. 그때의 3억 원짜리 집은 지금의 3억 원짜리 집과 비교할 수 없는 수준일지도 모른다. 20년을 일하면 45세. 그때쯤이면 외제 차는 아니어도 제네시스라도 타고 다닐 줄 알았지? 20년이면 6억 원. 제네시스는 무슨 돈으로 사나? 내 소중한 청춘을 다 바쳐서 20년이나 일하고 모은 돈이 6억 원이면, 그 돈으로 제대로 된 보금자리 하나 못 마련한다면, 그때의 나는 자신에게 어떤 마음을 품게 될까? 그 마음을 품고도 새로운 도전에 대한 결단을 내릴 수 없을지도 모른다는 것이 더 큰 문제다. 20년 동안 얼어붙어 있던 용기가 그제서야 녹아내릴 리 없다.

임금에 대한 물가 인상률, 연차에 따른 인상률 반영이라는 변수에 대해서는 별로 이야기할 것도 없다. 연차가 높아질수록 세금도 많이 낸다. 물가가 올라가는 것만큼 내 연봉이 올라가지도 않는다. 그런데 퇴직 후에는? 퇴직 시점 역시 내가 정하는 게 아니다. 회사가 좋게 봐줘서 정년까지 잘 있는다고 치고, 퇴직 후에는 어떻게 살지? 로또라도 당첨되면 모르겠지만, 대부분은 벌어놓은 돈을 아껴 쓰며 살거나 새로운 일을 다시 시작해야 한다. 아아, 그때의 내가 과거의 나에게 무슨 말을 해줄 수 있을까? 그래도 고생했다고 이야기해줄 수 있을까? 아주 적극적으로 욕을 해주지 않을까? 과거의 나에게 욕해주려고 타임머신을 개발하면 대박이 나긴 하겠다.

결국 젊은 날의 나는 미래를 위해 투자를 하거나 그에 상응하는 가치 있는 일을 해야만 한다. 엑셀 네모 칸에 누군가가 만들어둔 함수를 쓰는 것 말고, 미래의 내가 지금의 나에게 보낼 고맙다는 말 한마디를 위해서 내 인생의 함수를 만들어야 하지 않을까? 내 시간과 노동을 독립 변수로 삼는 방정식의 계수와 차원을 키워야 하지 않을까?

회사를 그만두지 않는 것과 그만두지 못하는 것은 다르다. 나는 어쩔 수 없이 회사를 애정할 수밖에 없다. 회사는 내가 몸담고 있는 소중한 사회니까. 다행히 이곳에서 좋은 선배들을 많이 만났고, 일도 나름의 성취와 즐거움이 있다. 하지만 지금 나는 회사를 못 그만두는 상태다. 따박따박 들어오는 월급을 포기하기가 힘들기 때문이다. 나는 회사가 좋아서 '안' 나가는 선택의 자유를 얻고 싶다. 돈이 없고 믿는 구석이 없기 때문에 회사를 '못' 나가고 머물러 있을 경우의 수를 없애고 싶다. 그래도 괜찮은 내 집 하나 있으면 '안' 나가는 것이 가능하지 않을까?

돌아서면 '성큼' 들어와 있고 또 돌아서면 '쏴아' 빠져나가는 월급에 애증을 느끼며, 오늘도 출근길에 부동산 공부와 투자 공부를 한다.

내 집에 살려면
내 집을 사야 하는데?

'집을 사고 싶다'와 '내 집에 살고 싶다'. 누군가가 두 보기를 두고 어느 쪽이 괜찮아 보이는지 물어본다면? 아니면 간단한 상황을 가정해보자. 한 사람이 "아, 나도 집 사고 싶다"라고 말하고 또 다른 누군가가 "아, 나도 내 집에 살고 싶다"라고 말한다면? 전자의 화자는 왠지 욕심이 그득그득 붙어있는 표정을 짓고 있을 것 같고, 후자는 괜히 짠해지는 안쓰러운 표정을 짓고 있을 것 같기도 하다. 전자에 대해서는 "집 사서 뭐 하게? 월세 놓고 탱자탱자 놀게? 아니면 시세 차익 보고 팔게?"라는 반응이 자연스러워 보이고, 후자에 대해서는 "그러게, 나도 그랬으면 좋겠다"라는 공감의 반응이 자연스러워 보인다. 어쩌다가 이렇게 됐을까?

내 집에 사는 것의 전제는 집을 내 소유로 만드는 것, 즉 집을 구매하는 것이다. 그런데 사람들은 내 집에 살고 싶은 마음은 인정하면서도, 누군가 집을 사겠다고 하는 것에는 미묘한 반감을 품는다. 집을 사는 것을 부동산 투기나 욕심으로 보는 사회적 분위기에 끊임없이 노출되기 때문이다. 그래서 그 반감은 집을 사도 되나 하는 의구심으로 이어지기도 한다. 그러나 내 집에 살고 싶다면, 당연히 먼저 집을 사야 한다.

내가 살 집을 산다는 것을 좀 더 익숙한 표현으로 바꾸자면 '내 집 마련'이다. 그런데 실질적으로 내 집 마련과 부동산 투자는 한 끗 차이다. 많은 사람들이 집을 사는 것을 안 좋게 보는 이유는 집을 사는 것이 부동산 투자와 연결되기 때문이다. 나는 아직 경험이 많지는 않지만, 내 집을 사는 순간 자연스럽게 부동산 투자가 시작된다는 것을 알게 됐다. 내 집 마련만 하면 된다고 해서 그 집이 어디에 있든, 얼마나 낡았든, 역에서 얼마나 멀든 상관없을 수 있을까? 그건 아니다. 그렇다면 가장 처음으로 구매한 집에서 죽기 전까지 평생을 살 수 있을까? 그것도 아니라고 생각한다. 사람들은 '나의 좋은 집'을 원한다. 남의 집도 아니고, 내 집 중에서도 좋은 집.

나는 이 땅의 평범한 사회 초년생이다. 앞으로 착실히 저축해서 조금씩 더 좋은 집으로 옮겨갈 생각이었다. 그러나 애석하게도 '이 정도면 됐겠지' 하고 고개를 들면 집값은 더 높이 치솟아 멀어져 있는 게 현실이다. 솔직히 말해서 나는 "내 집 하나 딱 마련하는 게 평생의 꿈이에요"라고 이야기하고 싶지는 않다. 그걸 넘어서는 삶을 살아야 한다고 생각한다. 분수 따위는 모르겠다. 그저 '나의 좋은 집'에 살고 싶다.

그러려면 일단 집을 사야 한다. 창밖으로는 시야가 확 트여 있고, 여유를 즐길 수 있는 공원이 근처에 있으며, 주변에 맛집은 많지만 시끄럽지는 않은 곳. 층간 소음 문제도 일어나지 않고, 가족 수만큼 독립된 방이 있지만, 하하 호호 함께할 수 있는 널찍한 공용 공간도 확보된 집에 살고 싶다. 이는 누구라도 살고 싶어 하는 집이다. 그리고 그런 집은 대한민국 땅에 몇 군데 없다. 수요가 넘쳐나는데 공급은 부족하니 자본주의의 논리에 따라 상대적으로 집값은 점점 올라간다. 그렇게 한강뷰의 30평짜리 집은 수십억 원이 됐다. 그 가격이 정상인가 아닌가 하는 논쟁이 계속된다. 돈이 부족한 나는 당연히 정상이 아니라고 하고 싶지만, 이러한 상황은 이미 현실이 된 지 오래다. 집값이 오르는 속도는 내 월급이 오르는 속도와는 비교가 되지 않는다.

그렇다면 현실적인 전략은 공부를 열심히 해서 일단 내 형편에 맞는 집을 하나 사보고, 더 좋은 집으로 넘어갈 기회를 엿보는 것이다. 일단 처음에는 위치가 안 좋은 나홀로 아파트(1개의 동만 있는 아파트)를 산다. 그다음은 위치가 조금 더 좋고 단지도 형성돼 있는 아파트를 사고, 그다음은 위치가 더 좋고 주변의 환경도 꽤 훌륭한 집을 사는 것이다. 그게 아니면 '나의 좋은 집'을 포기하고 그냥저냥 적당한 나머지에 묻어가는 방법이 있다. 하지만 포기는 싫다! 현실을 탓하며 가만히 있기엔 자존심이 상한다.

분명한 것은, 내 집에 살고 싶으면 집을 사는 행위를 함으로써 그 집을 내 것으로 만들어야 한다는 사실이다. 집을 사는 것을 탐탁지 않아 하는 그 시선으로부터 자유로워져야 한다. 나는 내 집에 살고 싶다. 내 집을 사겠다. 그렇게 한 걸음씩 나아가겠다.

25살 청년이 내 집 마련을 꿈꾸는 것은 과욕이다?

20대 청년이 말한다.

"내 집에 살고 싶어!"

50대 퇴직자도 말한다.

"나도 내 집에 살고 싶다!"

이 경우 누가 집을 샀으면 좋겠는가? 아마 후자일 것이다. 왠지 전자에 대한 반응에는 "아직 새파랗게 어린 게 어디서 '집, 집' 하고 있어? 회사나 성실히 다니고, 저축이나 해!"라는 말이, 후자에게는 "아이고…… 세상 사는 게 참 쉽지 않지요"라는 말이 이어질 것 같다.

나는 청년이라는 단어가 싫다. 정확하게 말하면 싫어하게 됐다. 청년은 푸르고 눈부신 존재임이 분명한데, 요즘은 무언가에 욕심을 내서는 안 되는 존재, 결핍된 상태로 실낱같은 희망을 좇으며 살아가는, 챙김을 받아야 할 존재로 인용될 때가 많다. 그때 청년이라는 단어는 밝고 활기찬 느낌보다는 현실의 벽에 부딪혀 좌절해버린 젊은이를 떠올리게 한다. 살기 어려운 게 사실인 것 같기도 하다가, 그래도 저마다의 푸르름을 만개할 방법이 있을 텐데 그냥 청년으로 묶어서 어려운 세대이자 살기 힘든 세대라고 하니 답답하기도 하다.

가끔 20대 청년의 마음을 팍 식게 만드는 어른들이 있다. 아까 '아직 새파랗게 어린 게 어쩌고저쩌고' 하는 어른들이다. 회사에서 내 집 마련이나 부동산 투자는 언제나 핫한 대화 소재다. 재테크를 잘해서 반포에 떡하니 내 집을 갖고 있다는 차장님, 신도시 붐이 일었을 때 고양파와 분당파로 나뉘었는데 고양을 택해서 어찌해야 할 줄을 모르고 한참을 기다렸다는 부장님, 30대 중반밖에 되지 않았음에도 불구하고 집을 여러 채 사서 회사를 취미로 다닌다는 선배까지 다양한 부동산 이야기가 흘러나온다. 그렇게 직장 선후배가 한데 섞여 이야기하다 보면 꼭 이런 말을 하는 부장님이 있다.

"20대가 뭐 벌써 집을 사려고 해? 나라에서 그렇게 다 해주는데. 청년 공공 주택 많이 공급하잖아. 나이도 어린 게 벌써 욕심 부리면 안 돼!"

성실하게 돈이나 모으라는 말, 요즘 젊은 애들은 끈기가 없다는 말도 따라붙는다. 욕심을 부리면 안 되는 논리적인 이유는 딱히 없다. 그냥 어려서 안 된다고 한다. 부장님은 수도권을 포함해서 집을 세 채나 가지고 계시면서!

기분이 좋지는 않지만 남의 말이야 가볍게 넘기면 되고, 사실 가장 중요한 것은 내 마음이다. 집을 사고 싶다는 20대 청년과 50대 퇴직자가 둘 다 나라고 가정한다면, 조금이라도 더 젊을 때 내 집을 마련해서 50대에는 안정적으로 사는 내가 되고 싶다는 생각이 들었다.

막연히 이렇게 월급 모으면서 살다 보면 언젠가 내 집 하나는 갖게 되지 않을까 생각했던 때가 있다. 그런데 아니었다. 젊은 날에 사둔 집이 없거나 50대가 되었을 때 당장 집을 살 돈이 없으면 50대에 집이 없는 것도 논리적으로 이상하지 않다. 열심히 살지 않아서가 아니다. 시간이 이렇게 빠르게 흘러가는 걸 보면 어느새 나도 모르게 그렇게 돼있을지도 모른다.

몇 달 전부터 '부딩BOODING'이라는 부동산 관련 뉴스레터를 구독 중인데, 그중에서 내 눈을 사로잡는 이야기가 하나 있었다.

> 한 달 뒤 40세가 되는 1983년을 대상으로 조사한 결과, 집을 가진 이는 10명 중 3명(28.8%)도 채 되지 않는 것으로 나타났습니다.
>
> - 부딩 뉴스레터(2021.12.17), 〈83년생 이야기〉 중

통계청에서 발표한 〈인구동태 코호트〉에서 발췌했다는 내용이다. 내가 20대나 30대에 내 집 마련에 대한 소망을 행동으로 옮기지 않으면, 40대가 됐다고 해서 집이 있을까? 10년 뒤 내가 28.8%에 들 수 있을까? 40대에 없었던 집이 50대에는 있으리라 보장할 수 있을까? 나는 50대의 내가 내 집을 가진 상태였으면 좋겠다. 그것도 좋은 집을 가졌으면 좋겠다. 좋은 집에서 즐겁게 살고 있으면 좋겠다. 음…… 그러려면 언제부터 시작해야 하지?

내가 좋아하는 유튜브 영상 하나가 떠오른다. 아이돌을 선발하는 서바이벌 프로그램에서 애프터스쿨의 리더 가희가 준비되지 않은 연습생에게 팩트 폭행하는 순간을 담은 영상이다. 어떤 연습생이 "저희가 아직 보여드릴 준비가 되지 않아서, 보여드릴 게 없습니다"라고 말했더니 가희 언니가 날린 명대사가 있다.

"그런 마음으로 내일은 할 수 있겠어? 그런 마음으로 내일모레는 할 수 있겠어? 3일 후에는? 4일 후에는? 일주일이 돼도, 한 달이 돼도, 1년은? 1년을 주면 할 수 있겠니? 그런 마음가짐으로 뭘 어떻게 하자는 거야, 지금."

그 말은 내 집 마련을 불투명한 미래로 미루고 있는 나에게 이렇게 들렸다. '그런 마음으로 30대에는 네 집에 살 수 있겠어? 40대에는 네 집에 살 수 있겠어? 50대에는? 60대에는?'

나중에 나의 좋은 집에 살려면 지금부터 움직여야 한다. 지금 하지 않는데, 나중에는 할 수 있을까? 지금 할 수 있는 것부터 하지 않으면 나중에도 할 수 없다. 다른 사람들이 보통 40대, 50대 쯤을 내 집 마련의 목표 시기로 잡길래 나도 따라서 그렇게 잡았을 뿐이지, 일찍 이루면 기분이 좋지 않을까? 이렇게 꿈이 명확한데, 무엇을 해야 하는지도 알고 있고, 남이 알려주는 이야기들도 충분한데, 그럼에도 불구하고 시작하지 않는 것은 '미래의 나에게 맡긴다!'라며 무책임하게 외치는 것과 같다. 그리고 어영부영 시간이 지나면 그 '미래의 나'는 곧 '현재의 나'가 될 것이다.

언론이나 주변에서 20대가 집을 사려 하는 것은 마치 과욕이라고 여기는 듯한 말이 자꾸 들린다. 그리고 실질적인 경제적 조건이나 환경도 20대는커녕 30대에도 집을 사기 어려운 상황이 돼가니 '진짜 그게 그렇게 큰 욕심인 걸까?' 싶을 때도 있다.

20대가 집을 갖고 싶어 하는 것은 사치나 허영이 아니다. 인간은 누구나 안정적으로 살고 싶은 욕구를 가지고 있다. 그리고 그 안정감을 주는 가장 큰 재화는 결국 나의 좋은 집이다. 높은 곳에 올라서 서울 시내를 내려다보면 아파트가 참 많다. 한강 다리를 지나거나, 남산 정상에 오를 때면 자연스럽게 이런 생각이 든다.

'서울에 이렇게 아파트가 많은데, 내 집이 하나 없다니.'

순간적으로 몰려드는 허탈감, 세상과 동떨어진 듯한 기분. 이 기분에 나이 제한이 어디 있는가? 그러니 내 집을 갖고 싶어 하는 것에 대해 자격을 둘 수는 없다. 물론 모든 사람이 내 꿈을 지지해줄 필요는 없지만, 그래도 가능하다면 응원을 받는 게 좋다. 찬찬히 생각해보면, 진짜 좋은 주변 사람들은 나의 진격을 응원한다.

"젊을 때 시작해. 실패해도 두려워할 게 뭐가 있어? 아직 젊은데! 살면서 기회는 언제나 있어."

그러니 가끔 부정적인 말을 들어도 신경 쓸 필요 없다. 원래 부정적인 말이 귀에 더 잘 들어오는 법이다. 그런 말들이 분노라는 강렬한 감정을 일으키기 때문이다. 그러나 분명한 것은 나를 응원해주는 어른도 많다는 사실이다. 내 집을 갖고 싶고, 내 집에 살고 싶은 마음이 있는 이상, 부정적인 말들 속에 포기하듯 자신을 방치하지 말아야 한다. '나는 내가 알아서 잘 살아야지'라고 생각하는 것이 정답이다. 20대도 내 집에 살고 싶다. 그 마음을 지키기 위해 노력하는 내가 되는 걸로!

대출은 악이다?

주변에 경제적으로 성공한 사람이나 부자인 사람이 한 명이라도 있어서 본인이 부를 축적한 방법을 이야기해주면, 대출이 악이라는 생각은 안 하게 될 것이다. 부자까지 안 가도, 자본 소득의 힘을 아는 사람 정도면 충분하다. 돈을 벌 줄 아는 사람들은 다 돈으로 돈을 벌고, 자산으로 자산을 늘려 간다. 대출을 통한 레버리지leverage(수익 증대를 위해 부채를 끌어다 자산 매입에 나서는 투자 전략)를 활용하기 때문이다.

어릴 때 내 주변에는 근로 소득 외의 무언가로 돈을 버는 사람들이 없었다. 아빠는 직장에 다니거나 다니지 않거나 둘 중 하나였고, 엄마 역시 직장인이거나 주부였다. 친척들도 마찬가지였다. 좀 잘산다고 생각했던 사람들은 규모가 크고 유명한 회사에 다닐 뿐이었다. 소득이 들쭉날쭉한 가장의 동반자로, 돈이 수시로 들어가는 딸을 둔 주부로 살던 엄마가 현실을 직시하고 대출을 일으켜서 집을 사보지 않았다면, 그리고 그걸로 월세를 받지 않았다면, 시간이 흐른 후 시세 차익을 얻고 파는 일이 없었다면, 그걸 내가 옆에서 목격하지 않았다면, 난 아마 평생 대출을 두려워하면서 근로 소득으로 하루하루 살아가는 것이 최고의 미덕이라고 생각했을 것이다. '돈 10억 원을 통장에만 꽂아놔도 이자가 얼마야?' 하며 자본 소득을 꿈꾸는 모순적인 모습을 보이면서.

대출은 자본주의를 떠받치는 제도다. 요즘은 '영끌(영혼까지 끌어모아서 투자)'이니 '빚투(빚내서 투자)'니 하면서 대출을 가볍게 생각하는 경우도 있지만, 여전히 대출을 무서워하고 금기시하는 사람이 많다. 그 심정도 이해가 된다. 누구나 '내가 더 큰 가치를 얻으려고 대출을 했는데, 이자도 감당하지 못할 만큼 투자의 결과가 형편없으면 어떡하지?'라는 생각을 하기 때문이다. 그러나 투자하지 않으면 계속 그 상태에 머물러있어야 한다. 사실 화폐 가치의 감소를 생각하면, 투자하지 않는 것은 도태되는 길이다. 따라서 공부를 열심히 하고 대출도 적절히 활용해서 투자할 필요가 있다. 투자는 돈을 투자하거나 시간 또는 노동을 투자하거나인데, 시간과 노동은 사람들이 가진 것에 차이가 거의 없지만, 조달할 수 있는 돈은 사람마다 그 차이가 크다. 세상은 상대적으로 흘러가기 때문에 내가 가만히 있는 동안 남들이 앞서 나가면 나는 그 효과로 뒤처질 수밖에 없다. 이는 이미 부자인 사람들과 나를 비교하라는 말이 아니다. '가만히 있는 나'와 '나와 비슷한 수준에서 대출을 레버리지로 활용하는 사람' 그리고 '적절한 수준으로 대출을 해 투자를 하는 나' 사이에 생겨나는 차이를 인식해야 한다는 의미다.

대출을 해도 되는 이유가 하나 더 있다(물론 어디까지나 제도화된 금융기관을 통해, 감당할 수 있다고 생각하는 범위 안에서다). 바로 은행이 사업을 하는 목적을 믿으면 된다. 은행은 실체를 확인할 길 없이 숫자로 존재하는 돈을 빌려주고 이자를 받는다. 돈이 많은 부자가 대출을 하는 게 수상하다고 이자를 많이 받거나, 돈이 없는 사람이 안타깝다고 이자를 적게 받는 구조가 아니다. 대출을 상환할 능력이 없는 사람은 엄청나게 높은 수준의 이자를 감당해가며 돈을 빌려야 하고, 돈이 많은 사람들은 낮은 수준의 이자율로 대출을 받는다. 비용의 측면으로 보나 투자에 대한 회수의 측면으로 보나, 큰돈이 큰돈을 아끼게 하고 큰돈이 큰돈을 벌게 한다. 은행은 돈을 빌려주고 다시 그 돈을 돌려받으려고 사업을 한다. 그래서 믿는 구석이 있어야 대출을 해준다. 상환 능력이 없으면 대출을 해주지 않는다. 상환 능력은 안정적인 현금 흐름 또는 자산의 규모에 따른 신용 그리고 부동산, 예금 등과 같은 담보를 통해 평가된다. 은행은 내 상환 능력을 믿고 돈을 빌려주는 것이므로, 굳이 그것을 거부할 필요가 없다.

회사원도 마찬가지다. 월급을 아무리 열심히 모아도 집값의 상승 속도를 따라잡기는 역부족이다. 2억 원짜리 집을 사려고 5년 간 열심히 월급을 모았더니 그 집이 어느새 8억 원이 돼 있다는 게 선배들이 맞닥뜨린 현실이었다. 그러나 반대로 생각하면, 대출을 써서 5년 전에 2억 원짜리 집을 사뒀더니, 집값이 8억 원으로 오르는 경험을 한 사람도 존재한다는 것을 의미한다. 화폐의 가치는 시간이 지날수록 떨어진다. 부동산이 가진 희소성이 해소되는 속도, 아파트로 따지자면 수요 대비 공급이 증가하는 속도는 느리다. 화폐의 가치가 떨어질수록 원재료비가 상승하고, 임금이 올라가고, 집값도 올라간다는 것은 너무 당연한 이야기다.

회사원이라는 신분에 장점이 있다면, 대출로 레버리지를 일으킬 수 있다는 것 그리고 일정한 급여 수준에 맞는 재무 계획을 세울 수 있다는 것이다. 따라서 여러 상황을 종합했을 때, 이용할 수 있는 것들은 잘 활용해 재무적 목표를 설정하고 그 목표를 향해 나아가야 한다는 결론을 내릴 수 있다. 없는 돈을 꾸역꾸역 빌리는 것이라며 찝찝해할 필요도 없다. 성실한 노동의 가치를 믿는 사람이라면 더욱 그렇다. 월급을 받아다 잘 갚으면 그것만큼 성실한 것도 없기 때문이다.

2장

남 집에 사는 시간을 똑똑하게 쓰는 법

남 집 살이와 관련된 '돈' 문제

대부분의 사람들은 내 집에 살기에 앞서 남의 집에 사는 경험을 한다. 때로는 그 과정에서 서러운 일이 벌어지기도 하지만, 그렇기 때문에 오히려 내 집 마련에 대한 의지를 다지기도 한다. 더 나아가 그 기간 동안 앞으로 어떤 집에 살아야 할지, 어떻게 살아야 할지에 대한 그림을 그려 나간다면, 남의 집에 사는 시간을 훨씬 의미 있게 보낼 수 있다고 생각한다.

나는 대학 시절에는 기숙사에 살았고, 취업 후에는 전세나 월세를 살았다. 아직 많은 집을 거친 것은 아니지만, 부산 해운대 오피스텔에서 전세살이를 했고, 서울에서는 월세 계약을 했다가 한 번 파기한 경험이 있다. 이렇게 남의 집에 사는 경험들 속에서 여기에 살아보길 잘했다 싶은 순간들과 지금 생각해도 열 받는 순간들을 차곡차곡 모을 수 있었다. 그리고 그것은 내 (좋은) 집 마련을 향한 의지에 활활 불을 지폈다.

남의 집이건 내 집이건 일단 집에는 돈이 많이 든다. 대출 원리금을 갚든, 월세를 내든, 내 돈에 대한 기회비용을 포기하든, 어쨌든 돈을 쓰게 돼있다. 물론 대출 원리금을 다 갚으면 내 집은 남겠지만.

이 글을 쓰는 2022년 현재, 나는 강남의 월세 73만 원짜리 원룸에 살고 있다. 월세가 높지만 회사와 가깝고, 원룸치고는 공간이 넓어서 아주 마음에 든다. 회사에서 멀고 공간도 좁은 방에 비해 훨씬 가성비 있다고 생각한다. 그럼에도 불구하고 월세가 나갈 때는 통장을 따라 내 마음도 허해진다. 각종 세금, 건강 보험료는 진작 급여에서 공제되고, 통장에 꽂힌 돈에서 대출 원리금이 빠진 뒤 카드값까지 나가면 '월급이 있었는데요, 없었습니다' 상태가 된다. 이건 뭐, 내 월급이 생선도 아니고, 어떻게 이토록 토막으로 썰려 나갈 수 있는지. 근데 이걸 한두 달 하는 게 아니라 최소 2년을 한다. 언제까지 이럴지는 알 수 없다. 치맥 파티를 족히 스무 번은 할 수 있는 금액을 집주인의 통장에 보내야 하는 매월 1일은 마음이 무척 허한 날이다.

계산해보면 월세 70만 원은 1년에 840만 원, 2년이면 1,700만 원 수준이다. 1,700만 원이면, 과장을 좀 더 보태 전세를 끼고 2억 원 미만의 아파트나 빌라를 구매할 수 있다. 평생 내 집 없이 이만큼씩 돈이 나가기만 할 거라고 생각하면 소름 돋는 금액이다. 서울살이가 뭐길래 집세로만 1년에 1천만 원 가까운 돈을 쓰나 싶기도 하고, 내가 여기서 그만큼의 가치를 만들면서 살고 있나 반성하게 되기도 한다. 그렇다고 한 번뿐인 내 인생을 굳이 평가절하할 필요는 없지만, 워낙 썰려 나가는 금액이 커서 종종 깊은 고민에 빠진다. 결론은 하나다. '얼른 내 집으로 가야지. 그래서 지출은 줄이고 저축은 늘려야지. 그리고 투자 공부도 더 열심히 해서 더 좋은 집으로 가야지.'

이런 내게 누군가는 '그러게 왜 월세를 사나, 전세를 살지'라고 이야기하지만 비슷한 조건의 집에 대해 전세 이자와 월세가 크게 다르지도 않을뿐더러, 전세는 매물도 잘 없다. 또한 전세자금대출은 사람마다, 상황마다 대출 한도와 이율이 다르기 때문에 자질구레한 요구 조건을 충족해야 하고, 못해도 전세금의 10~20%는 내 돈이 뭉텅이로 들어간다는 점 등이 나에게 큰 메리트가 없어 보였다. 그리고 천 단위가 넘는 목돈은 잘 모아서 내 집을 마련하는 데 쓰고 싶었다. 그래서 돈은 조금 더 들어도 움직이기 가벼운 월세를 선택했다.

무엇보다 전세의 가장 큰 문제점은 내 돈에 대한 주도권을 남에게 쥐여주고 있다는 것이다. 사실 어떻게 보면 전세는 집주인에게 세입자의 큰돈을 무이자로 빌려주는 것과 같다. 요즘은 전세자금대출이 활성화됐지만, 전세금의 100%가 대출로 나오는 것은 아니기 때문에 일정 부분에 대해서는 내가 가진 큰돈을 남에게 맡겨야 한다. 집주인이 마음만 먹으면 이 돈을 떼먹을 수도 있다. 또는 집주인의 선한 의도와는 달리 돈이 제때 마련되지 않을 경우 상환이 지연되면서 세입자인 내 속이 타들어 갈 수도 있다. 집주인이 내 돈을 굴려 돈을 번다고 해서 그 몫을 나눠 받을 수는 없지만, 집주인이 돈을 까먹어버릴 때는 내 돈이 위험에 처할 수 있다.

우리 집도 엄마가 딱 지금 내 나이 때 전세금을 떼일 위기를 겪은 적이 있었고, 회사 선배도 얼마 전에 전세 문제로 골머리를 앓았다. 임대인의 회사에 찾아갔는데 사무실 입구가 자물쇠로 봉쇄된 모습, 그 밑에 온갖 고지서와 통지서가 쌓여있는 모습을 목격해야만 했다. 임차인이 어리석어서도, 잘못을 해서도 아니다. 작정한 사람에게는 어떤 형태로든 당하게 되고, 착한 임대인이라도 여건이 안 되면 못 돌려주는 상황이 발생한다. 전세 세입자를 보호하기 위해서 많은 제도가 생겼지만 임차인도, 법도 속수무책인 상황은 언제든지 생기는 법이다.

나도 부산 오피스텔에 전세로 들어가 살았던 적이 있다. 전세금은 전세자금대출이 아니라 신용대출을 받은 것이었다. 결론부터 말하자면 나는 전세 사기를 당하지는 않았다. 전세금을 보호하기 위해서 '전세권 설정'을 했기 때문이다. 물론 집주인이 좋은 분이라서 가능한 일이었다.

별거 아닌 것 같지만 전세권 설정은 상당한 힘이 있는 장치다. 임차인이 전세권을 설정해두면 은행은 해당 집을 담보로 돈을 빌려주지 않는다. 돈을 받고 돈을 빌려주는 일을 하는 은행이 돈을 빌려주지 않는다는 것은 그 대가로 담보물에 행사할 권리가 없기 때문이다. 따라서 그 권리를 가진 설정권자는 그만큼 안전하다고 할 수 있다. 하지만 임대인이 전세권 설정을 허락해주는 건 흔치 않은 일이다. 어느 누가 자기 재산을 저당 잡히게 두고 싶을까. 서울로 가면서 집을 알아볼 때 전세권 설정이나 보증보험을 조건으로 내세우면 볼 수 있는 매물이 5분의 1로 줄어들었다.

한편, 전세권 설정은 공짜가 아니다. 세상에는 사람이 사람을 믿지 않는 대가로 구매해야 하는 서비스가 종종 있다. 이것도 마찬가지다. 내 경우 전세권 설정을 할 때 26만 원 정도의 법무사 비용이 들었고, 지방 교육세, 등기 신청 수수료 등 각종 공과금으로 29만 원이 들었다. 총 55만 원이 넘는, 그러니까 한 달 치 월세가 될 수도 있는 돈을 들여서 내 전세금을 보호하는 가드를 세운 것이다.

전세권을 설정해둔 덕에 2년이 채 안 되는 시간 동안 좋은 위치의 깨끗한 오피스텔에서 돈 떼일 염려 없이 잘 지냈는데, 전세권 설정을 해지할 때 문제가 하나 생겼다. 다음 세입자가 전세자금대출을 받아야 하니, 전세권 설정을 해지해달라고 요청해왔다. 집에 전세권 설정이 돼있어 은행에서 전세자금대출을 내줄 수 없다고 했던 것이다. '역시 전세권 설정은 강력한 무기군' 하고 생각하는 동시에, '다른 조건이 맞아떨어지지 않아 다음 세입자의 전세자금대출이 불발되면 어쩌지? 그래서 전세금을 돌려받지 못하는 일이 생기면 어떡하지?'라는 생각이 들었다. 지금까지 배려해준 집주인을 못 믿은 것은 아니었다. 다만 예기치 못한 상황이 발생했을 때 금전적으로 피해를 보는 것은 나 자신이었고, 전세금으로 서울 자취방의 보증금을 마련해야 했기 때문에 걱정이 됐다.

전세권 설정을 해지하기 전에 전세금을 돌려받는 것이 합당한 순서였다. 그러나 집주인은 내가 낸 전세금으로 아들의 신혼집 전세금을 대주고 있었다. 다음 전세금을 받지 않으면 전세금을 만들어줄 수 없는 상황이었던 것이다. 전세를 내준 보통의 집주인들이 다 비슷하다. 목돈이 필요해서 전세를 놓은 것이고, 이전 사람의 전세금을 돌려주려면 다음 세입자의 전세금으로 돌려막기를 해야 한다. 이 상황과 같이 전세금을 돌려받는 것에 문제가 생길 경우를 대비해 전세권 설정을 해둔 것인데, 마지막에 전세금을 돌려받지 못하고 설정을 해지하게 되면 여태껏 잘 유지해오던 전세권 설정의 의미가 퇴색되는 셈이었다. 방법을 찾으려고 온라인으로 법무사 상담을 하니, 법무사는 문제가 생기면 다 내가 떠안는다며 설정을 해지해주는 건 위험하다고 했다. 그쯤 몇 주 동안은 정신이 혼미했다. 서울에 집을 알아보러 다니는 와중에 부산의 부동산 중개인은 전세권 설정 좀 해지해달라고 계속 전화하고, 서울의 부동산 중개인은 집 보러 서울에 언제 또 오냐고, 안 오면 매물 다 나간다고 보챘다. 결국엔 문제가 생길 시 전세금을 책임지고 내주겠다는 집주인의 약속을 받고 전세권 설정을 해지하는 걸로 결론을 내렸다. 그리고 며칠 뒤, 다음에 들어올 전세 세입자가 전세자금대출을 무사히 실행했다는 연락을 받을 수 있었다. 다행히 내 전세금도 잘 돌려받았다.

돈을 잘 돌려받은 것과 별개로 이 모든 과정에 질려버려서, 남 집에 사는 게 이렇게 어려운 바에는 내 집에 살아야겠다는 결심을 또 한 번 하게 됐다. 여윳돈 없는 사회 초년생은 특히 더 그렇다. 어쩌면 지금 우리에게 없어도 되는 돈 같은 건 없기에 덩달아 여유도 없는 걸지 모르겠다.

잠시 잊고 있던 서울살이 청년 주거의 현실

■■■ 자취방을 구해본 경험이 많지는 않지만, 집은 구하는 것부터가 피로감이 수직상승하는 일이라는 것은 확실히 알 수 있다. 사실 조건만 맞으면 순식간에 구해지는 게 집이기도 하다. 그러나 내가 2년 동안 잠도 자고, 밥도 먹고, 지친 몸을 이끌고 들어와 쉬기도 하고, 소중한 추억을 쌓아가는 곳이라고 생각하면, 마냥 쉽고 편하게만 집을 구할 수는 없다. 집을 구할 때는 발품은 기본이고, 집주인이나 중개업자와 입씨름해야 할 때도 있다. 중개 수수료도 내야 하고, 이사 비용도 들여야 한다. 집에 미리 살아보고 들어갈 수 있는 것도 아니라서, 입주 후에 뭔가 안 맞는 게 있으면 손해를 감수해서라도 계약을 중도 해지하고

다른 집을 알아보거나, 다음 집을 기다리면서 꾹 참고 살아야만 한다.

나도 계약을 해지한 적이 있었다. 정확히는 짐을 다 옮겨놓고 본격적으로 살기 직전에 계약을 파기했다. 내 수준에서 월세가 높은 편임에도 불구하고 현저히 떨어지는 방의 수준, 띄엄띄엄 일하는 부동산 중개사무소 직원도 문제였지만, 상식적으로 이해되지 않는 집주인의 행동이 계약 해지의 결정적인 이유였다. 그때를 생각하면 아직도 기가 막힌다.

부산에서 근무한 지 2년이 다 돼가는 시점에 서울로 발령이 났다. 서울 발령에 관한 언질이 있을 때부터 서울대입구역 근처 전·월세 매물을 알아보고 있었다. 서울대입구역에 집을 구하려고 한 것은 회사 동료들이 거기에 많이 살기도 하고, 거기서 나도 잠깐 강남까지 통근을 해본 경험이 있었기 때문이다. 대학가여서 다른 곳에 비해 월세 금액도 저렴한 편이었다. 지옥철도 20~30분이면 끝났다. 방의 크기는 작았지만, 대학가에서만 느낄 수 있는 활기찬 동네 분위기도 좋았다.

물론 회사 근처에 살면 좋은데, 부동산 앱에서 봤을 때 강남의 오피스텔은 월세가 높기도 하고, 집이라는 느낌보다는 잠만 자는 수면실의 느낌이 강했다. 게다가 관리비도 20만 원은 기본이었다. 주거비로만 거의 100만 원을 쓸 수는 없었다. 부동산 앱을 통해 매물을 확인하고 부동산에 연락했을 때는 전입신고가 안 된다고 하는 집도 많았다.✦ 월세를 구하는 사람의 처지에서는 전입신고를 하고 싶다고 하면 월세가 10만 원 올라가고, 같은 건물이라도 남향이면 월세가 5~10만 원 더 올라가니, 정해진 예산으로 원하는 조건의 집을 구하는 것은 거의 불가능하다고 보는 편이 맞았다.

예산 수준을 충족하든 안 하든 집을 구할 때는 본인이 원하는 조건을 명확하게 정리해야 한다. 물론 조건들을 정리해둬도 그 조건을 모두 갖춘 집을 만나기는 어렵다. 내가 좋다고 생각하는 집은 남에게도 좋고, 그러면 당연히 비싸다. 신축이고, 넓고, 주변 환경도 좋고, 안전하고, 인테리어도 촌스럽지 않은 곳에 살고 싶으면 월세를 월급만큼 내면 됐다. 하지만 그럴 수는 없기 때문에 필수 조건과 우선순위를 정했다. 거기에 맞지 않는 집을 걸러내면 집을 구하기가 훨씬 쉬워진다. 하나하나 소거하다 보면 중개업자가 갖고 온 매물 중에 내가 현실적으로 고려해볼 수 있는 선택지는 몇 개 남지도 않는다. 전·월세 매물을 알아보며 내가 원했던 조건은 다음과 같았다.

✦ 전입신고를 하지 못하게 하는 것은 오피스텔을 주거용으로 신고하느냐, 업무용으로 신고하느냐에 따라서 취득세, 양도 소득세 등에 대한 혜택이 다르기 때문이다. 업무용으로 신고해야 혜택이 더 크다. 그런데 누군가가 전입신고를 한다는 것은 해당 오피스텔이 주거용이라는 뜻이므로 집주인이 관련 세제 혜택을 누리지 못하게 된다. 따라서 전입신고를 하지 말라는 조건이 붙거나 전입신고를 할 거면 월세를 더 내라고 하는 경우도 있다.

- 역에서 도보 10분 이내일 것
- 관리비 포함 월세가 60만 원대일 것
- 전세자금대출이 가능하다면 전세금은 1억 원 이내일 것
- 2층 이상일 것
- 집의 방향은 북향이 아닐 것
- (거의 불가능하겠지만) 창밖은 벽이 아닐 것
- (거의 불가능하겠지만) 소음이 적은 편일 것

신림과 봉천 일대에 이미 전셋집을 구해서 살고 있는 남자친구는 냉정하게 말했다. 부동산 앱에 나오는 매물은 모두 가짜라고. 그리고 내가 원하는 조건들을 충족하는 집은 없을 거라고. 내 조건들이 너무 까다롭다는 것이었다. 그렇지만 지방에서 올라와 집을 구해야 하는 사람으로서는 앱을 활용하는 것 말고는 딱히 대안이 없는 상황이었다. 허위 매물일지언정 비슷한 집이라도 구해주겠거니 생각하고 앱 속에서 주야장천 손품을 팔 수밖에 없었다. 그리고 좋은 집을 원하는 것은 당연한 마음인데, 알아보기 전부터 자발적으로 살고 싶은 집의 조건을 필터링할 필요는 없다고 생각했다. 이것만은 꼭 충족해야 한다는 우선순위만 잘 정해두면 되지! 남자친구가 자신의 경험을 기반으로 냉정한 충고를 해줘서 내 나름대로 기대치는 많이 낮춘 상태였다.

인천에 계신 이모는 아예 이모 댁에서 살아도 좋고, 적어도 당

분간은 인천에서 지내면서 천천히 집을 알아보라고 하셨다. 송도 근처인 이모 댁에서 강남까지는 환승 2번에 1시간 50분 정도가 걸린다(무려 편도다). 예전에 며칠간 강남으로 출퇴근을 해본 적이 있었는데, 사람이 많은 것, 일찍 일어나는 것을 무척 싫어하는 나에게는 웬만하면 피하고 싶은 인고의 시간이었다. 몇 주만 버티면 되는 새벽 5시 기상은 괜찮았지만, 집을 언제 구할지 모르는 상태에서 기약 없이 출퇴근에 4시간을 쏟기는 싫었다. 그리고 무엇보다 나는 혼자 있는 걸 좋아해서 가능하면 혼자 살고 싶었다. 가끔은 친구를 초대해서 편히 놀고 싶기도 했다. 잠시 미룬다고 해도 시간의 문제일 뿐 어쨌든 집을 알아보긴 해야 하는 상황이었다.

집을 알아보다가 서울대입구역 근처의 한 부동산 실장님이 소개해준 집 중 하나가 괜찮아 보여서, 실제로 매물을 보지도 않고 원거리 전세 계약을 하려고 했다. 그런데 중소기업취업청년 전·월세보증금대출(이하 중기청 대출)을 받을 수 있는 조건을 충족하지 못해서 시중 은행의 전세자금대출을 받으려고 했더니 집주인이 실장님을 통해 중기청 대출이 아닌 다른 대출은 안 된다고 말했다.

"중기청 대출과 은행 전세자금대출이 집주인 입장에서 별다른 차이가 있나요?"

"그건 아닌데 집주인께서 이상하게 고집을 부리시네요."

"보증 보험✦은요?"

"이게 근생(근린 생활 시설)이라 보증 보험은 안 돼요."

아니, 뭐가 다 안 돼? 전세자금대출이 가능한 다른 전세는 없냐고 했지만, 거의 없다는 답변만 들려올 뿐이었다. 나에게 남아있는 선택지는 하나였다.

"그러면 월세로 알아봐주세요. 내일 갈게요."

다음날 실장님을 만났다. 서울대입구역, 봉천역 근처의 집을 몇 군데 돌아다녔지만, 마음에 쏙 드는 곳은 없었다. 언덕투성이에다가 건물은 다닥다닥 붙어있었으며 무엇보다 좁았다. 대학이나 직장 때문에 머물러야 하는 사람들이 많은 지역이라 더 그런 것 같았다. 수요가 많은 것에 비해 공급은 적고 집의 수준도 하향 평준화돼 있었다. 생각해보면 원래 그랬다. 다만 내가 서울에 오고 싶은 마음이 강렬해서 서울 청년 주거의 현실을 까먹고 있었을 뿐이다. 부산에서는 1억 원이 안 되는 전세금으로 꽤 넓은 집에 살 수 있었던 것에 반해, 서울에서는 동일 컨디션의 집을 구하기 위해서 거의 2~3배에 달하는 전세금을 준비해야 했다. 부산에 살면서 눈이 높아졌다는 사실과 함께 서울에서는 내

✦ 전세자금대출과 보증 보험은 임차인의 재산 및 소득 현황, 대상 목적물(월셋집, 전셋집)의 취득가액과 용도 등에 따라 보증의 주체(한국주택금융공사HF, 주택도시보증공사HUG, 은행 등), 보증금 및 보증의 범위 다르므로 부동산 중개사와 은행원 상담을 진행해야 한다.

가 감당할 수 있는 월세로 좋은 집에 살기는 어렵다는 사실을 받아들여야 했다. 그래서 그냥 지금까지 본 매물 세 곳 중 가장 덜 나쁜 한 군데를 골랐다. 그 집은 좁았지만 남향이었고, 창문 밖으로 바로 건너편 건물의 벽이 보이는 게 아니라 하늘이 보여서 서울에 있는 집치고 낭만이 있다고 생각했다. 등기를 확인했고, 융자 비율이 높지 않아 서류상 문제도 없었다. 창문 밖 하늘까지 내 방으로 삼으리 생각하고 계약금을 걸었다.

49년생 집주인과 94년생 세입자, 한판 붙다

■■■ 이삿날은 12월 24일이었다. 그날은 내 인생 최악의 크리스마스이브였다. 부산 집을 정리하고 용달에 짐을 실어 서울로 보낸 다음 날, 용달차 기사님과 만나기로 한 시간인 오전 9시에 맞춰 새벽 5시 열차를 타고 봉천역 근처 월세방에 도착했다.

계약금을 제외한 보증금과 한 달 치 월세도 집주인 계좌로 이체했다. 같은 건물 꼭대기 층에 살고 있는 집주인 할머니가 직접 문을 열어줬다. 어서 오라는 환영 인사와 함께 현관 카드키를 전달받았다. 현관 비밀번호도 바꿨다.

짐을 풀기 전에 해야 하는 일이 있었다. 바로 부산에서부터 서울까지 짐을 옮겨주신 용달차 기사님이 새집에 가면 액운을 물리쳐야 한다면서 가르쳐주신 의식(?)이었다. 기억이 가물가물한데, 냄비에 물을 끓이면서 문을 순서대로 열었다가 다시 반대 순서로 닫는 것이었다. 여차저차 방법도 배웠고, 본인의 지인과 친척들도 그래서 잘 산다는 말까지 들으니, 막상 안 하기도 애매했다. 복습 지도까지 꼼꼼히 해주신 기사님이 떠나자마자 5분 동안 그 의식을 치렀다. 조금 웃기긴 한데, 기왕 하는 거 진지하게 했다. 나름 마음을 담아 기도도 했다. '새로운 집에서 열심히 살아보겠습니다! 무탈히 즐겁게 생활할 수 있게 조금만 도와주세요'라고. 그런데 얼마 지나지 않아, 설마 그 기도가 먹힌 거라면 정말 소름이 돋을 만한 일이 일어났다.

집은 참 좁았다. 보증금 1천만 원에 월세 60만 원을 넘게 주고 이런 집에 살아야 한다니. 대안도 없었지만, 앞으로 이곳에서 보낼 시간이 걱정스러웠다. 집이 워낙 좁아서 침대도 버리고 온 참이었다. 하지만 살아지겠지! 그나마 이 정도면 고시원이나 반지하를 제외하고는 저렴한 편이기도 했고, 방을 보러 다닐 때는 창밖의 하늘까지도 내 방이라 생각하기로 하지 않았던가. 게다가 그동안 서울로 오기를 얼마나 바랐었는지! 가족, 친구는 물론 또래도 한 명 없이 일하던 부산에서 외로웠던 시간을 떠올렸다. 그리고 이내 '좁은 게 뭐 대수인가!' 하며 콧노래를 불렀다. 이제 짐 정리와 전입신고를 마치고, 2년 동안 본의 아니게 장거리 연

애를 한 남자친구와 크리스마스 데이트를 할 예정이었다.

그런데 그 콧노래는 얼마 가지 못해 뚝 끊기고 말았다. 집주인이 입주 청소를 해주기로 했는데, 청소가 안 된 느낌이 들었다. 아니, 나중에 월세 보증금에서 청소비로 10만 원을 제하고 돌려받기로 했는데……. 아까 만난 집주인은 분명 "입주 청소는 했고, 내가 바닥은 아침에 한 번 더 닦았어"라는 말도 했더랬다. 이 집을 중개해준 실장님도 본인이 청소 잘 돼있는 거 확인했다고 이야기해준 참이었다. 그럼에도 불구하고 이렇게 더럽다고? 방바닥은 어차피 금방 더러워지니 그렇다 치고, 신발장을 열었는데 칸마다 뭉게뭉게 피어난 흙먼지들이 자유롭게 노닐고 있었다.

나는 이사하느라 충분히 지친 상태였으며, 좋은 게 좋은 거라는 생각 때문에 웬만하면 따지지 않으리 생각하고 먼지를 물티슈로 쓱쓱 닦아냈다. 업체가 청소를 띄엄띄엄 했나? 그런데 냉장고를 여니 케첩 자국과 함께 기다란 머리카락이 떨어져 있었고, 싱크대나 화장실 세면대, 거울도 더러운 건 매한가지였다. 싸한 기분이 들었다.

'아니, 청소는 안 되어 있는데, 돈은 돈대로 내라는 건가?'

나는 얼른 집 상태를 촬영해둬야겠다고 생각했다. 사실 나중에 집을 나갈 때 파손의 책임 등을 확실히 하기 위해서는 입주 시 집 상태를 찍어 두는 것이 필요하다는 사실을 알고 있었지만, 정신이 없어서 까먹고 있던 차였다. 그런데 집의 상태가 나를 각성시킨 것이다. 이미 신발장은 두어 칸 닦아냈지만 더러운 곳이 많아서 지금 촬영을 시작해도 충분했다. 이거는 성격이 둥글다 못해 데굴데굴 굴러다니는 사람도 참을 수가 없겠다, 아니, 참으면 안 되겠다는 생각이 들어 실장님에게 사진을 첨부해 문자를 보냈다. 청소를 한 거냐고 물었더니 다 해줬을 텐데 지저분하냐는 답장이 왔다. (부글부글 끓어오르는 속을 부여잡고) 그렇다고 문자를 보냈다. 만약 돈을 주고 맡긴 거라면 이건 집주인이 사기를 당한 수준이었기 때문이다.

잠시 후 집주인 할머니와 통화하게 되었는데, 할머니의 말씀 하나하나가 아주 주옥같았다.

"아가야, 내가 점심값 1만 원 줄 테니까 청소하고 살어~"

청소를 전문 업체에 맡기지 않고 아르바이트생을 구해서 했으며, 본인이 지금 당장이라도 오피스텔에 와서 걸레질이라도 해주고 싶지만 지금은 바쁘니, 점심값으로 1만 원을 받고 나더러 직접 청소하고 살라는 것이었다. '아가야'라는 호칭도 별로였지만, 꾹 참고 청소 비용 10만 원을 보증금에서 차감하기로 한 건 어떻게 할 거냐고 물었다. 그랬더니 다짜고짜 "그걸 그렇게 알아들으면 안 되지, 이 새끼야"라며 험한 말을 내뱉었다. 집주인은 내가 잘못 안 거라고 했다. 어? 내가 뭘 잘못 안 거지? 아니, 그보다 내가 지금 무슨 소리를 들은 거지? 순간 당황해서 멍하게 있는데 집주인은 말은 내뱉는 사람보다 듣는 사람이 잘 들어야 하는 거라며 지금은 바쁘다고 좀 이따 한두 시간쯤 뒤에 오겠다고 말했다.

아니, 말은 하는 사람도 잘하고, 듣는 사람도 잘 들어야 하는 거 아닌가? 내가 도대체 뭘 잘못 알아들은 거지? 상식적으로 이해되지 않는 상황 앞에서, 순간 머릿속에 엄마를 불러야겠다는 생각이 스쳐 지나갔다.

'엄마 미안. 더 이상 신경 안 쓰게 하고 싶었는데, 아무래도 이건 전쟁이야.'

엄마한테 전화해서 상황을 설명했다. '이 새끼야, 저 새끼야' 하더라는 말은 할까 말까 하다가, 결국 해버렸다. 자초지종을 다 듣기도 전에 엄마는 당장 KTX 열차표를 끊으라고 했다. 좋은 말로 하면 해결이 안 되는 세상에서 엄마들은 도무지 은퇴할 수가 없었다. 그날은 크리스마스이브라 가까운 시간의 열차는 모두 매진이었는데, 운이 좋게도 두어 번 새로고침을 하고 승차권을 예약할 수 있었다. 내가 잘못한 게 하나도 없으니 잘될 거라고 생각하면서도, 이런 일은 처음이고 또 집주인이 문이라도 두드리면서 뭐라고 할까 봐 무서웠다. 차가운 방에서 '어떡하지? 조금 무서운걸' 하며 떨고 있다가 서울역으로 엄마를 마중하러 가기 위해 집을 나섰다. 나가는 길에 혹시 괴팍한 집주인을 만나는 건 아닐까 하고 걱정했지만 다행히 몰래(?) 집을 빠져나올 수 있었다.

엄마는 머리도 못 말린 채 서울로 왔다. 엄마가 정신없이 올라온 게 보여서 눈물이 핑 돌았다. 서울역에서 엄마랑 택시를 타고 가면서 어떻게 할지 고민했다. 계약서에 입주 청소에 관한 내용이 들어있고, 집주인이 계약 조건을 성실하게 이행하지 않았으므로 계약 파기를 요구할 이유는 충분했다. 특히 그 할머니는 오피스텔 꼭대기 층에 살고 있었는데, 그런 주인과 한 건물에서 살 자신도 없었다. 엄마는 집을 사진으로 본 것이 전부였기 때문에 실제 방 상태를 보고는 기겁했다.

"이렇게 좁은 곳에서 도대체 어떻게 살려고 한 거야?"

"내 또래 애들 서울에서 다 이렇게 살아. 엄마가 좋아하는 남향인데다가, 또 이렇게 바깥이 뻥 뚫린 곳은 없어. 하늘을 내 방 삼으려 했다니까."

틀린 말은 아니지. 다들 그렇게 좁은 방에서 더 나은 내일을 꿈꾸면서 젊은 날을 보내고 있지 않은가. 하지만 엄마는 헛소리하지 말라며 단칼에 내 입을 다물게 했다. 그 이상 말을 덧붙이면 엄마의 심기를 더 거스를 것 같아 자중했다.

잠시 후 실장님과 관리자 한 분이 같이 도착했다. 관리자 분의 명함을 보니 공인중개사 사무소 이사라고 돼있었다. 크리스마스 이브에 불려 나와서인지, 골치 아픈 일이 생겨서인지 말투에 짜증이 배어있었다. 이사님은 어머니가 평소에 저혈압이 있어 충격받고 댁에 누워있다며, 자신이 대신 온 거라고 설명했다.

"어머니요? 그럼 아들이세요?"

"아니요, 워낙 친하다 보니 '엄마, 아들' 하고 지내고 있어요."

기가 막혔다. 일단은 청소가 안 돼있는 것을 눈으로 확인시켜 주며 대화 내용과 상황을 다시 설명했고, 계약을 파기하고 싶다는 의사를 분명하게 밝혔다.

"평소에도 어머니가 언행이 좀 거친 편이세요. 절대 나쁜 의도가 있으신 건 아니에요."

"원래 그런 분이라는 이유로 제가 그걸 감당해야 하나요? 나쁜 의도가 아니었으면 입주 청소비를 받기로 해놓고선 '아가야, 점심값 줄 테니 직접 청소하고 살아라' 하는 이야기는 안 하셨겠죠. 계약 파기해주세요."

실장님과 이사님은 이야기를 듣고 집주인이 사는 꼭대기 층에 가서는 한참을 돌아오지 않았다. 그러는 동안 엄마와 나는 이삿짐을 옮길 용달차를 새로 알아봤다. 다행히 이모 댁이 인천에 있어서 그리로 이동해 잠시 머물기로 했다. 잠시 후 실장님과 이사님이 돌아와서는, 짐을 빼주면 보증금이랑 월세를 돌려주겠다고 말했다. 기나긴 싸움이 될 것을 걱정했는데 생각보다 쉽게 항복 선언을 받아서 다행이었다.

"왜 우리가 먼저 짐을 빼야 하죠? 방금 용달 업체랑 통화했어요. 지금 용달차 온다고 하니까 보증금이랑 월세 돌려주세요. 그럼 짐 옮기고 바로 출발할게요."

와! 역시 엄마는 멋있었다. 결국 보증금과 월세를 먼저 돌려받고, 곧이어 도착한 용달차에 짐을 실었다. 바쁘게 짐을 옮기는 엄마의 뒷모습을 보며 결국 울음을 터뜨리고 말았다. 평소에 엄마가 잔소리를 하면 "나도 이제 곧 서른인데 독립 좀 하자!"라고 말하곤 했다. 더는 엄마가 나 때문에 신경 쓰지 않고 고생하지 않기를 바랐는데, 이런 일이 생긴 게 너무 속상했다.

그날 밤 오랜만에 엄마와 같은 방에 누워 이야기를 나눴다.

"엄마, 오늘 너무 정신없고 힘들었지? 미안해. 그리고 고마워."

"그러라고 엄마가 있는 거야. 맨날 독립한다고 뭐라 뭐라 하더니 잘 됐다, 아주."

"아냐! 그래도 독립할 거야! 액땜했다 생각하고 전화위복의 계기로 만들 거야!"

그날은 그렇게 마무리됐다. 집주인과 싸우고 계약을 파기하는 일은 남의 일인 줄만 알았더니 그렇지 않았다. 이렇게 한바탕 겪고 보니 유튜브나 브런치에서 집주인과 세입자가 싸운 사연들이 눈에 들어오기 시작했다. 어려운 살림에 내 돈이 날아갈까 봐 계약서를 쓸 때 폭언을 들어도 꾹 참을 수밖에 없었던 이야기, 한겨울 임신한 상태로 월셋집에서 덜덜 떨어도 보일러를 고쳐주지 않던 집주인 이야기 등 서러운 사연들이 많았다. 전세금을 못 내주겠다며 시위하는 집주인을 참교육했다는 영상은 조회 수가 150만 회를 넘어서고 있었다. 내가 겪은 일 따위는 별것 아니었다. 이런 일을 겪지 않으려면 좋은 주인을 판별하는 법을 배우는 것도 좋지만, 결국에는 이 악물고 돈을 모아서 내 집에 들어가는 수밖에 없을 거라는 생각이 들었다. 그리고 다짐했다. 나는 내 집에 들어오는 세입자들에게 친절한 집주인이 되겠다고.

앞에서는 나쁜 집주인에 대한 이야기만 했지만, 늘 그렇듯 세상에는 좋은 사람도 많다. 곧이어 새롭게 구하게 된 강남 월셋집의 집주인과 그 집을 소개해준 중개업자는 나에게 귀인처럼 다가왔다.

강남은 내가 살 지역의 후보로 생각해본 적도 없는 곳이다. 이유는 단 하나, 비쌌기 때문이다. 그리고 부동산 앱을 보면 오피스텔만 있는 것 같았다. 그런데 실제로 가보니 괜찮은 빌라가 꽤 많았다. 그중 하나에 가계약금을 걸었고 며칠 뒤 집주인을 만났다. 이번에 만난 집주인은 아주 호쾌한 분이셨는데, 알고 보니 나와 대학 동문이기도 했다. 집주인께 월세 보증금 대출을 받아도 되겠느냐고 여쭤보니, "원하는 대로 진행해요. 그리고 알죠? 나를 속이려는 사람은 어떤 방법을 써서라도 나를 속이지. 반대로 속이지 않을 사람은 그렇지 않고요. 보증금을 떼먹는 일은 없을 거예요. 동문의 이름을 걸고 내가 약속할게요"라고 말씀해주셨다. 명언이었다.

이후 전입신고 문제 등 두어 가지의 문제로 계약서를 다시 썼는데 거기에 대해서도 귀찮은 내색 없이 배려해주셔서 감사 인사를 드리니, 집주인 분은 "필요한 건 다 해줘야지, 열심히 사는 훌륭한 젊은이가 들어오는데"라고 말씀해주셨다. 입주 청소 비용 10만 원 때문에 월세 파국을 맞이했다가 이런 분을 만나니 감동적일 정도였다. 딱히 열심히 안 살고 있었는데, 그 말씀을 들으니 열심히 살지 않으면 안 될 것 같은 기분이 들었다.

집주인께서 좋은 분인 것도 참 감사하고 다행스러운 일인데, 중개를 맡은 과장님도 좋은 분이었다. 집을 보러 돌아다닐 때는 내가 요청하지 않았음에도 불구하고 모든 집마다 임대인에게 월세를 깎을 수 있는지 물어보시며, 세입자로서는 고마운 수고를 해주셨다. 엄마와 이모가 연신 감탄을 내뱉으며 "일을 너무 잘한다, 진짜 멋진 청년이다"라고 소곤대서 좀 부끄럽긴 했지만. 사무실에서 계약서를 쓰고 나가는 길에 과장님은 내게 무언가를 내밀었다. 맛집으로 소문난 곳에서 방금 사 온 쿠키였다. 솔직히 눈물 한 방울 흘릴 뻔했다. (먹을 걸 주셔서 감동했다는 건 절대 아니고) 며칠 동안 마음고생을 해서 그런지 그냥 쿠키를 받던 순간이 잊히지 않는다.

나는 단순한 편이라, 좋은 사람들을 만나니 다시 마음이 정화됐다. '좋은 사람들을 만나려면 앞으로도 열심히, 착하게 살아야겠다!' 하는 생각이 들었다.

부린이 탈출 비법

월세 파국이 알려준 부동산 계약 꿀팁6

월세 파국을 겪었지만, 이상한 집주인과 일 처리가 시원찮은 중개업자를 만나 계약을 진행하고 파기까지 해본 경험 덕분에 계약에 관한 6가지 교훈을 얻을 수 있었다. 이는 매매 계약에도 적용되는 내용이니 나와 비슷한 처지인 사람들에게 도움이 되면 좋겠다.

첫째, 전·월세라면 같은 건물의 다른 방을, 매매라면 같은 동의 같은 평형, 다른 호실의 가격을 확인하자.

월세 파국이 난 자취방을 중개해준 실장님은 사소한 행동 하나하나에서 친절함이 느껴지는 분이었다. 실장님이 월세를 2만 원 깎아

62만 원짜리 방을 60만 원에 맞췄다고 이야기하길래, 나는 속으로 '부탁하지도 않았는데 먼저 깎아주시다니 친절한 분이구나' 하고 생각했다.

그런데 계약이 파기되는 과정에서 여러 부동산 앱으로 그 일대의 방을 다시 알아봤을 때, 같은 건물, 비슷한 구조와 면적의 방이 더 낮은 가격인 월세 58만 원에 나와 있는 것을 발견했다. '직방'이나 '다방' 앱을 활용해서 원룸, 오피스텔을 찾아보면 건물의 이름이 명확하게 표기돼 있지는 않지만, 위치로는 동일 건물인지 아닌지 파악할 수 있는 경우가 종종 있다. 이런 식으로 같은 건물의 방이라고 짐작되는 매물이 있다면 비교해보는 게 좋다. 내 경우 실장님이 집주인과 합의해 초기 월세를 높여 놓고 월세를 낮췄다며 생색을 낸 건지 아닌지 알 길은 없다. 그러나 매물을 보러 갈 때 같은 건물에 다른 매물이 있다면 내용과 조건을 교차로 확인해야겠다는 생각이 들었다.

매매를 할 때도 직전에 이뤄진 거래의 실거래가를 확인하거나, 같은 시기에 나와 있는 다른 매물의 가격을 살펴볼 필요가 있다. 원룸 전·월세는 계약 가격을 확인하기 어렵지만, 아파트의 경우 매매나 전·월세 할 것 없이 실거래가를 공시하게 돼있기 때문에 가격을 확인할 수 있다. 물론 내가 보고 있는 매물이 다른 곳보다 비싼 경우 대부분 면적이 더 넓다든지, 남향이라든지, 인테리어를 새로 했다든지 하는 합당한 이유가 있지겠만, 비싼 이유를 알고 값을 치르는 것과 모르고 값을 치르는 것은 천지 차이다. 이런 과정에서 매물의 가격이 서로 다르다는 것을 알게 되면 부동산 중개인을 통해 매매가에 차이가 나는 이유를 확인하면 좋다.

둘째, 계약서의 모든 기재 내용을 꼼꼼히 확인하자.

부동산 매매 계약서, 전·월세 임대차 계약서에서 확인해야 할 내용은 생각보다 많지 않다. 매도인, 매수인 또는 임대인, 임차인의 인적 사항, 계약 일자 그리고 기간과 금액, 목적물 정보 등을 확인하면 된다. 추가 협의가 필요하다면 특약 사항에 집어넣고, 나머지 주택이나 건물의 용도와 융자 등은 등기로 확인하면 된다. 그런데 봉천역 오피스텔 계약 당시, 실장님은 계약서 작성에서 세 번의 실수를 했다.

첫 번째 실수는 내가 당시 살고 있던 주민등록상의 부산 전셋집 주소를 잘못 적은 것이었다. 집주인은 계약서를 작성하는 날 직접 오지 않았다. 보통 인적 사항은 계약 당사자들이 직접 자필로 작성하는데, 임대인의 인적 사항은 이미 기재돼 있었고 임차인(나)의 인적 사항은 실장님이 내 신분증을 가져가 컴퓨터로 계약서에 타이핑했다. 그런데 내 집 주소를 잘못 옮겨 적었다. 물론 사람이 하는 일이기 때문에 충분히 그럴 수 있다. 공인중개사 사무소의 프린터가 고장이 나서 처음 출력에 30분을 기다리고, 새로 출력을 해오는 데 또 30분을 기다리는 것이 지루했지만, 여기까지도 괜찮다. 그런데 실장님은 계약서에 목적물, 그러니까 내가 들어갈 방의 호수도 잘못 적었다. 이건 말이 안 되는 실수였다. 503호를 403호라고 잘못 적어서 계약서를 내준 것이다. 부산으로 내려가는 길에 죄송하다며 전화가 와서 어쩔 수 없이 며칠 뒤에 또다시 서울을 방문했다.

기껏 새롭게 계약서를 받아왔는데 알고 보니 집주인의 연락처도 틀리게 적혀 있었다. 이사 가기 전날에 시간 약속을 잡으려는데, 실장님은 연락이 안 되고 급한 마음에 집주인에게 연락했더니 생뚱맞

게 젊은 남성이 전화를 받았다. 다행히 계약서에 공동 명의자인 집주인 며느리의 전화번호가 있어서 문제는 해결됐지만, 실질적으로 관리를 하는 집주인의 연락처는 틀리게 적혀있었던 것이다.

이런 일이 없을 것 같지만, 충분히 가능한 일이다. 그래서 집주인과 세입자, 매도인과 매수인이 나란히 앉아서 계약서에 기입된 신상에 대해 재삼 확인하는 절차를 밟는 것이다. 계약 당사자와 부동산 중개인이 모여 계약서의 기본적인 내용부터 특약까지 모든 사항을 꼼꼼히 확인해야 한다. 계약서를 잘못 써서 귀찮아지고 찝찝해지는 것은 나 자신이다. 부동산 중개업자가 설마 하니 그런 실수를 할까 싶은 것도 거듭 확인할 필요가 있다. 합의되지 않은, 내가 모르는 내용이 들어가 있지는 않은지도 확실하게 확인해야 한다.

셋째, 중개 수수료율을 사전에 확인, 협의하고 계약하자.

실장님은 계약서에 사인을 하면서 그제야 중개 수수료를 안내해줬다. 실수도, 범법도 아니지만, 기분이 언짢았다. 물론 먼저 확인하지 않은 내 탓도 크다. 실장님이 고지해준 중개 수수료율은 0.9%였다. 그것도 사전에 이야기하고 확정 지은 것이 아니라, 이미 계약서에 인쇄된 숫자였다. 화장실, 현관까지 다 합쳐서 6평 정도 되는 집에 56만 원이 중개 수수료로 청구됐다. 보증금 1천만 원에 월세 60만 원짜리 집을 구하면서 중개 수수료가 거의 한 달 치 월세인 게 이상해서 물어보니 오피스텔이나 아파트(도시형 생활 주택)였다면 0.4%인데, 근린 생활 시설이기 때문에 0.9%를 적용한다고 했다. 해당 오피스텔은 주거용으로 신고가 돼있는 건물이었으나, 건축물대장상의 건물 용도는 근린 생활 시설이었다.

후에 구청과 다른 공인중개사 사무소에 문의해본 내용을 정리하면, 중개 수수료가 청구되는 기준은 신고된 실제 용도가 아닌 건축물대장상의 용도라고 한다. 보통은 받을 수 있는 최대 금액을 받기 위해 상한 요율을 그대로 적용한다고 했다. 나중에 지금 살고 있는 월셋집을 중개해준 과장님께 이러한 사정이 있었다고 이야기하니, 상한 요율이 0.9%이긴 하지만 면적이 작은 원룸을 중개할 때는 도의상 0.6~0.7%의 요율을 적용하는 게 일반적이라고 했다.

네이버에 '부동산 중개 보수 계산기'를 검색하면 매물 종류와 거래 지역, 거래 유형, 거래 금액 등을 입력해 중개 보수를 계산해볼 수 있다. 공인중개사법 시행 규칙에 따르면 부동산 중개 수수료는 '협의'의 영역이기 때문에 협의를 잘하면 중개 보수를 적절한 수준으로 낮출 수 있다고 한다. 물론, 상한 요율을 그대로 적용하려는 사람이 대부분이겠지만, 시도라도 해볼 법하다. 계약 당시에는 그래도 실장님이 친절하게 알아봐 주고 알려준 데다가, 월세도 2만 원 깎아줬으니 거기에 대한 비용을 지급하는 거라고 생각했는데, 지금에 와서 보니 당시의 나는 약간 호구였던 것 같다.

다행히 계약 파기를 하고서는 중개 수수료의 일부를 돌려받았다. 처음에는 실장님이 중개 수수료를 못 돌려주겠다고 했다.

"이런 일이 일어난 게 제 책임은 아니잖아요. 저도 휴일인데 경기도에서 서울까지 몇 시간씩 차 막히는 거 감수하면서 올라와서 다 도와드리고 했고요. 제 선에서는 최선을 다했어요, 고객님."

매물을 중개하는 사람의 책임이 무엇인가? 매물에 대한 정보를 투명하게 알려주고 계약을 문제없이 체결하도록 역할하는 것 아닌가? 나는 계약서 오기재 때문에 부산에서 서울까지 몇 번이나 헛걸음했는지, 교통비와 숙박비는 얼마나 들었는지 조목조목 말했다. 실장님이 중개 수수료는 이미 대표님의 계좌로 들어간 돈이라 돌려주기가 곤란하다고 해서, 대표라는 사람에게도 사정해볼 테니 번호를 알려 달라고 했는데 그건 안 되는 모양이었다. 두어 번 연락을 거쳐 절반 정도를 돌려받았지만, 엄마가 계약 초기에 잘 좀 부탁드린다며 실장님에게 따로 챙겨준 10만 원까지 고려하면, 40만 원 가까운 매몰 비용이 생긴 셈이었다. 그래도 기분 나쁜 주인에게 자유를 박탈당한 상태로 살 뻔했다고 생각하니 충분히 감수할 만한 금액이었다.

넷째, 계약 및 계약 이행 과정에서 조금이라도 의심되는 것은 다시 확인하고, 집주인 또는 매도인과의 커뮤니케이션이 필요한 경우 반드시 공인중개사를 통해 협의하자.

보통 부동산을 거래할 때는 중개인을 껴서 거래를 한다. 그것은 이 거래를 객관적으로 중개해주고, 약속한 내용이 계약 기간 동안 확실하게 이행될 수 있도록 역할을 다해 달라는 뜻이다. 이 과정에서 중개인은 임대인과 임차인, 매도인과 매수인 양쪽에서 적지 않은 수수료를 받는다. 그렇기에 양쪽의 이야기를 전해주는 입장인 중개인은 거래에 관한 내용을 모두 인지하고 있어야 한다. 따라서 계약 및 계약 이행 과정에서 거래 상대방과 협의할 내용이 있으면 공인중개사와 이야기하고 그 내용이 맞는지 꼼꼼히 확인해야 한다.

다섯째, 계약은 당사자와 진행하자.

원칙적으로 계약은 본인과 치러야 하며, 대리인이 나올 경우 위임장이 필요하다. 매매 계약이든 전·월세 임대차 계약이든 마찬가지다. 파투 난 월세 계약을 진행할 당시 아쉬웠던 점은 내가 부산에서 왔다 갔다 하다 보니 일정을 맞추기가 어려워서 집주인과 대화를 나눠보지 못한 것이었다. 집주인과 만나는 기회를 만드는 것이 마음만 가지고 되지 않을 수 있으나, 최소한 한 번은 봐야 한다. 당사자가 와야 하는 계약일이 보통 그런 날이 되는데, 봉천역 오피스텔 계약 당시엔 계약일에도 집주인을 보지 못했다. 집주인과 중개업자가 평소 잘 아는 사이여서 집주인이 중개업자에게 계약 과정 일체를 맡겼다고 했다. 사실상 위임장 따위는 없었기 때문에 충분히 문제가 생길 수도 있는 상황이었다. 집주인이 없었기 때문에 계약서에 적힌 임대인 정보가 틀렸음에도 불구하고 확인하는 작업이 이뤄지지 않았다. 이렇듯 당시 계약이 파기된 데는 집주인의 성향을 미리 겪어보지 못했던 이유도 있었다고 생각한다. 물론 집주인과 대화를 해본들, 집주인의 성향을 잘 알게 되는 것은 아니지만, 그래도 대면을 해보는 것과 해보지 않는 것은 큰 차이가 있다.

여섯째, 중요한 대화는 문자로 한다. 통화할 때는 녹음을 하고, 그게 안 된다면 문자로 내용을 정리해서 다시 확인하자.

집주인, 부동산 중개업자와의 통화를 녹음하고, 문자로 내용을 남겨야 한다. 부동산 중개업자는 원칙적으로는 누구의 편도 아니지만, 임대인은 계속 볼 사이인 경우가 많고 임차인은 한 번만 보고 마는 경우가 대부분이다. 그러면 명확한 증거가 없을 경우 아무래도 임대인을 편을 드는 것이 중개업자 입장에서는 더 나은 선택일 수 있다. 사실 실장님의 일 처리가 미숙한 점은 있었으나, 나쁜 사람이라고 생각하지는 않았다. 만약 실장님이 임대인의 입장에 서려고 했다면 충분히 그럴 수 있는 상황이었는데, 그는 원칙대로 녹음을 확인하고 계약의 내용을 훼손한 임대인이 계약금과 남은 보증금, 한 달 치 월세를 고스란히 돌려줄 수 있도록 했다. 그러나 중개업자를 믿기보다는 임차인으로서 가능한 모든 증거를 남겨 스스로 권리를 보호하는 것이 맞다. 나는 비록 말도 안 되는 요구와 욕설이 나온 집주인과의 통화는 녹음하지 못했으나 뒤이어 나머지 통화는 녹음했고, 전화로 주고받은 내용과 계약 사항을 다시 정리해서 문자로 확인했다. 이를 계기로 계약을 진행할 때는 무조건 자료를 남겨야겠다는 교훈을 얻었다. 이는 매매 계약을 할 때도 마찬가지다. 집주인이 집의 하자에 대해서 말하지 않고서 나중에는 말했다고 발뺌하는 경우 등 다양한 상황이 발생할 수 있으므로 녹음을 해두는 것이 도움이 된다.

그래도 실장님과는 좋게 마무리됐다. 후일에 집을 잘 구했다고 하니 "좋은 집을 구하셨다니 다행입니다. 이쪽은 제가 잘 정리하겠습니다. 고생 많으셨어요"라는 문자가 왔다. 나도 덕분에 많이 배웠다고, 죄송하고 감사하다고 답장을 보냈다.

이사, 언제까지 내 멘탈을 뒤흔들 건데?

■■■ 월세 계약서를 다시 쓴 날 바로 관할 주민센터로 달려가서 확정일자를 받고 전입신고를 마쳤다. 이제 이사만 하면 됐다. 이모 댁에서는 짐을 풀기도 애매하고 안 풀기도 애매해서 출근할 때마다 짐 상자의 테이프를 뗐다 붙이기를 반복했다. 지하철을 두 번이나 갈아타며 긴 시간 통근했지만, 그래도 즐거웠다. 회사 근처에 집을 구했으니까! 이 길을 반복하지 않아도 되니까! 며칠 동안 짐 상자에서 손에 잡히는 대로 꺼내 입다 보니 출근 복장도 참 마음에 들지 않았는데, 이제는 그 모든 것에서 탈출할 수 있었다.

얼마 후 이삿날이 됐다. 벌써 세 번째 짐을 옮기는 거였다. 마지막이어서 이를 악물고 했지만, 이사를 한 번 더 하라고 하면 다 내팽개치고 싶을 것 같았다. 용달 업체를 부르면 짐의 개수와 크기, 부피가 큰 가구나 가전제품의 유무에 따라서 가격이 달라지지만, 같이 짐을 옮기는 등 이사를 도와주는 사람이 있는지에 따라서도 가격이 달라진다. 엄마와 나는 두 번의 이사에 충분히 지쳐 있었고, 허리가 안 좋은 이모의 도움을 받을 수도 없었기에 '당근마켓'에서 같이 짐을 옮겨줄 사람을 구했다. 대학생처럼 보이는 아르바이트생은 약속된 시간보다 이르게 도착해서 이삿짐 나르는 것을 도와주었다. 일정에 맞춰 임의로 배치되는 용달차 기사님이 꽤 퉁명스러워서 걱정이었는데, 붙임성이 좋은 아르바이트생을 만나 다행이었다. 짐을 다 옮기고 당근마켓에서 후기를 주고받고 나니 그때까지도 긴장하고 있던 마음이 그제야 스르륵 풀리는 기분이 들었다.

짐을 모두 정리하고 나니 진이 다 빠졌다. 그래도 할 일이 남아 있었다. 대청소였다. 새로 들어온 집이 오래된 빌라라 입주 청소를 해주었다고 해도 신경 쓰이는 부분이 있었다. 엄마는 온종일 화장실 곰팡이를 청소했고, 나는 타일 사이의 찌든 때를 긁어냈다. 누런색 콘센트 커버도 새것으로 교체했다.

한숨 돌리며 식탁에 앉아 이사 과정에서 도대체 얼마의 비용이 들었는지 계산해봤다. 중요한 비용만 계산해서 총 220만 원 정도가 들었다. 계약 파기만 아니었어도 비용이 반으로 줄었을 것이다. 잘못한 봉천역 오피스텔 집주인이 이사 비용이라도 지원해줘야 하는 것 아닌가 싶어 울컥했지만 무사히 계약을 파기한 것만으로도 다행이었다.

원룸 이사도 이렇게 힘들고 귀찮고 또 돈도 많이 드는데 아파트에서 살다가 이사를 하면 얼마나 더 힘들지 상상도 안 됐다. 게다가 사람들의 이야기를 보면, 내 의지가 아닌데도 집을 떠나야 하는 경우가 태반이었다. 쫓겨나고, 돈 들이고 이사하느라 스트레스 받고, 새로운 집 구하느라 스트레스받고, 나만 힘들 그 상황이 벌써 싫었다.

그래서 또 한 번 결심했다. 얼른 내 집을 사서 내 집에 살아야지. 타인의 의지로 내 거처를 옮기는 일이 없도록 뿌리를 뽑아야지. 내가 더 살고 싶으면 더 살 수 있고, 옮기고 싶으면 옮길 수 있는, 답은 역시 내 집이다.

남의 집에 살며 배운 것들

나는 미래를 외면한 채로 현재를 즐기는 것도, 미래만을 꿈꾸면서 현재를 희생하는 것도 옳지 않다고 생각한다. 그래서 남의 집에 살고 있는 오늘이, 미래를 기약하며 불만을 꾹꾹 눌러 담은 채로 참고 견디는 시간이 아니라 그 자체로도 좋은 시간이 되었으면 한다.

남의 집에 사는 게 무작정 나쁜 점만 있는가 하면 그렇지는 않다. 내가 어떤 집에 살고 싶은지 생각해볼 기회가 되기 때문이다. 남의 집에 사는 게 서러워서 내 집에 살아야겠다는 동기부여 그 이상의 것이 있다. 굳이 몸소 체험해보지 않아도 알 만한 일이지만, 실제로 살아보면 확실히 더 많은 것들이 느껴진다. 남의 집에 살면서 왜 넓은 집이 좋은지, 왜 회사와 가까운 집이 좋은지, 왜 사람들이 좋은 집, 좋은 동네에 살고자 하는지를 체득하게 된다면, 남의 집에 사는 시간 역시 나를 위한 배움의 시간으로 만들 수 있다.

넓은 집이
좋은 이유

강남 빌라에 살면서 깨달은 것은 집이 어느 정도는 넓어야 한다는 것이다. 본가에서는 아무 생각이 없었고, 독립하면서도 왜 큰 집에 살아야 하는지에 대해 별생각이 없었다. 물론 넓은 집에 살 만큼의 경제력을 갖고 싶기는 했지만, 실질적으로 어떤 좋은 점이 있냐고 물어보면 "그냥!"이라고 대답했다. 당연히 넓으면 좋잖아! 좋겠지? 좋지 않을까……? 그 이상의 답을 하기 어려웠다.

그런데 직접 살아보니 원룸조차 좁은 곳과 넓은 곳이 달랐다. 좁은 곳은 '방'이지만, 넓은 곳은 '집'이라 할 만하다. 집이 넓으니 집의 어느 한쪽 구석에 앉아 나를 둘러싼 공간들을 바라볼 때 여유로운 마음이 생긴다. 회사에서 부장님들이 나에게 "원룸에 살지 말고 소형이라도 아파트에 살아봐라", "역에서 좀 멀어도 넓은 곳에 살아봐라, 마음가짐부터가 다르다"와 같은 말씀을 해주셨던 적이 있다. 돈이 없으니 소형 아파트는 꿈도 못 꿔서 그렇지, 개념적으로는 원룸보다는 아파트가 좋다는 것도 알고, 좁은 집보다는 넓은 집이 좋다는 것도 알고는 있었다.

비록 소형 아파트는 아니지만 좁은 원룸에 살다가 발코니가 있는 원룸에 살아보니 그 말이 단박에 이해됐다. 엄마와 이모가 넓은 발코니를 보고 환호하셨던 이유도 깨달았다. 방 안에 건조대를 펼쳐놓지 않아도 된다는 게, 쓰레기를 내 방과 분리된 곳에 둘 수 있다는 게 생각보다 좋았다. 대학 면접을 준비할 때 서울에서 고시원 비슷한 곳에서 며칠 지내본 적이 있었다. 나는 침대 하나 놓으면 끝나버리는 좁은 그곳에서 책상에 앉아 뒤도 돌아보지 않은 채로 공부했다. 그때는 마음이 힘들었던 때라 좁은 방을 바라보고 있자면, 그게 꼭 내 상황을 투영한 것 같아 더 답답해졌기 때문이다. 이제 와 하는 말이지만, 아마 계약을 파기한 봉천역 오피스텔에 살았어도 비슷한 생각이 들지 않았을까?

꾸미는 재미가 있는 것도 넓은 집의 장점이다. 넓은 빌라에 오면서 붙박이 가구 말고도 내가 원하는 가구와 소품을 채워 넣을 수 있게 됐다. 대학교 기숙사에 살 때도, 부산 오피스텔에서 살 때도 내가 꾸밀 수 있는 공간은 책상 위가 전부였다. 그런데 넓은 집에 살면서 내가 원하는 가구와 소품을 들여보니, 집을 내 취향대로 꾸밀 수 있다는 게 사람에게 생각보다 더 큰 만족감을 준다는 것을 알게 됐다. 그래서 더 큰 집에 가게 되면 얼마나 재

있을까 생각하게 된다. 각종 매체를 통해 잘 꾸며진 집을 보면서 '30평대 집을 사게 되면 나도 이렇게 꾸며야지!', '이런 벽을 세울 수 있단 말이야?', '이렇게 예쁜 조명이 다 있어?'라는 기대 섞인 감탄을 한다. 좋은 집에 가기 전까지 열심히 나만의 취향을 만들어갈 생각이다.

집을 나서면 뭐가 있는지가 중요한 이유

집을 나서면 뭐가 있는지는 매우 중요하다. 생활 수준을 높여주기 때문이다. 마트, 은행, 병원 등이 기본으로 있으면 좋고, 택배도 잘 오는 곳이면 좋다. 사람이 많을수록 편의 시설이나 인프라에 대한 수요도 높으므로 인구와 인프라는 선순환 관계를 이룬다. 공원이나 하천 같은 자연환경도 중요하다. 부산에서 살 때는 해운대 바닷가 근처에서 살았는데, 주중 아침에는 이따금 동백섬 둘레길을 따라 걸으면서 하루를 계획했고, 주말에는 해운대 바다부터 시작해서 광안리 바다까지 걸어가 보면서 생각을 정리했다. 해운대에서 광안리 반대편으로 걸어가면 송정 바다도 있어서, 마음을 굳게 먹은 날에는 경관이 좋은 바닷가를 따라 3만보를 걷기도 했다. 저녁에는 야경을 보면서 노래를 들었고, 나 자신에게 필요한 질문을 던져보기도 했다. 그 모든 것들이 나에게는 소중한 자산이 됐다.

그때 산책을 하며 느꼈던 기분이 좋아서 서울로 오고 나서도 근린공원이나 산책로를 찾아다니고, 남산이나 인왕산 같은 야트막한 동네 뒷산에도 가보곤 한다. 자연이 주는 여유로움을 만끽하는 것이 좋다. 그냥 집 주변을 돌아다니는 것도 좋다. 집 근처에 코를 절로 킁킁거리게 되는 빵집이나 햇볕에 드러난 꽃이 사랑스러운 꽃집이 있는지를 탐색하러 다닌다. 그러면서 '나중에 꼭 근처에 치아바타가 맛있는 빵집이 있는 곳에 살아야지' 생각하기도 한다. 날마다 '내가 집을 나서면 무엇이 있는가?'가 나에게 매우 중요하다는 것을 깨닫고 있고, 그때마다 몰랐던 나의 취향을 알아가고 있다.

위치 좋은 곳이 비싼 이유

회사와 가까운 넓은 집에 사는 것은 회사와 떨어진 좁은 집에서 사는 것보다 삶의 질이 훨씬 높다. 당연히 월세도 훨씬 더 높다. 따라서 집을 구할 때는 삶의 질에 대한 상승분이 월세 추가분을 상쇄하고도 남느냐가 관건이다. 그런데 사회 초년생에게는 절대적인 월세 금액 자체가 중요하기도 하다. 지금 사는 곳은 월세가 70만 원이 조금 넘는다. 그래서 집을 보러 돌아다닐 때 지금 내가 사는 곳이 마음에 들었음에도 10만 원이라도 더 싼 곳에 가야 하는 게 아닌가 고민했고, 계약할 때도 마음 한 구석이 불편했다. 그래서 비싼 월세를 내고 살기로 결정하고서는 많은 생각을 했다. 보증금, 월세를 고려했을 때 봉천역 오피스텔에 비해서 월 15만 원 정도가 비싼 셈인데, 내가 이 집에 살면서 그 정도의 부가가치를 끌어낼 수 있을까 하는 고민이 생겼던 것이다.

결론적으로는 잘한 선택이었다고 생각한다. 사실 교통비나 관리비를 따져보면 월세가 낮은 곳에 사는 것에 비해 지금 사는 곳의 월세가 대단히 높은 편은 아니다. 절대적인 금액으로 치자면 교통비는 대중교통을 조금이라도 이용해야 하는 곳에 비해 5만 원 이상 아낄 수 있다. 집에서 지내는 시간이 만족스러우니 굳이 나가려고 하지 않기 때문에 지출도 줄었다.

정서적인 측면에서도 좋은 점이 있다. 기상 알람이 울릴 때마다 '아, 오늘 오전 반차 쓸까?' 하는 생각이 저절로 들긴 해도(아마 모든 직장인이 같은 마음이지 않을까?) 곧이어 '회사에서 가까운 데에 사니까 좋네'라는 생각이 따라붙는다. 집을 넓혀가면서 회사와의 거리는 점점 멀어질 텐데, 그때가 벌써 걱정될 지경이다.

사실 무엇보다 가장 의미 있는 것은 출퇴근길에서 비롯되는 시간과 체력 소모를 줄일 수 있다는 것이다. 이것은 여유로운 마음을 가지는 데 도움이 됐다. 부산에 있을 때는 회사에서 끼니를 거의 다 해결하는 데다가, 친구도 없었고 데이트도 거의 못했으니 사실상 돈을 쓸 일도 없었다. 그럼에도 불구하고 돈을 많이 썼다. 생각 없이 써놓고는 카드값이 많이 나온 것에 또 짜증을 냈다. 내 상황에 대한 여러 가지 불만이 쌓여 삐뚤어진 보상 심리로 표출된 것이었다. 가족이나 친구의 부재로 인한 외로움과 답답함이 잘못 발현돼 생긴 마음이었다. 나도 그게 바람직하지 않다는 것을 알았지만, 한번 휘말린 감정에서 쉽게 빠져나올 수가 없었다. 지금은 내 일상을 가장 많이 분담하고 있는 집이라는 공간 그 자체에 만족하고, 내가 원할 때 사랑하는 이들을 볼 수 있다는 사실에 행복해하면서 그때와는 사뭇 다른 나를 마주하고 있다.

여유로운 마음이 가져온 또 하나의 효과가 있다. 내 나름대로 루틴을 찾아 열심히 살게 된다는 것이다. 꼭 뭔가를 해야겠다는 강박감에서 시작되는 것이 아닌, 나 자신을 위한 즐겁고 건설적인 방향의 루틴이다. 운동을 하고서 거울 속의 나를 칭찬해주고, 얽혀 있던 생각들을 글로 풀어내면서 스트레스를 풀고, 책을 읽으면서 다양한 사람들의 인생을 배우는 등 일상생활 속에서 내가 가진 시간과 여유에 고마워하는 것이다. 물론 의지가 있다면 어디에 살든 상관없이 똑같이 해낼 수 있겠지만, 시간과 체력 그리고 컨디션이 의지에 영향을 주는 것은 분명하다.

그래서 나는 아직 월세가 아깝다는 생각을 해본 적이 없다. 물론 큰 금액인 것은 사실이기 때문에 매달 초 월세를 이체할 때마다 '어이구'라는 감탄사가 절로 나온다. 그래도 그만큼 안락하게 잘 살고 있기 때문에 만족한다. 또, 그런 기분을 좀 더 의미 있는 일들로 가치 있게 풀어내는 자신을 발견하고 기특해한다.

넓은 집에 살아본다는 것은 해외여행을 가보는 것과 비슷한 구석이 있다. 나는 해외여행을 가보기 전까지 사람들이 다들 왜 그렇게 해외여행을 가고 싶어 하는지 몰랐다. 대학생 때 처음으로 유럽에 가보고서야 '여행이 이런 거구나, 이렇게 색다르고 멋진 기분을 안겨주는 거구나'라고 생각했고, 사람들의 마음에 공감했다. 집도 마찬가지였다. 처음에는 월세가 아까워서 무조건 싼 집을 찾으려 했다. 하지만 넓은 집에 살아보며 넓은 집의 가치를 깨달았고, 회사에서 가까운 집에 살아보면서 직주 근접성이 높은 집의 좋은 점을 볼 수 있었다. 큰 창으로 깊숙이 들어오는 햇살이 주는 평화로움에, 전에는 생각지 못했던 발코니의 유용함에 감동했다. '이래서 다들 넓은 집, 위치가 좋은 집, 공간 활용도가 높은 집을 찾는구나' 하는 생각이 들었다.

그런 의미에서 집은 경험재라고 볼 수도 있을 것 같다. 모든 것이 행동하고 생각하기 나름이다. 저렴한 월셋집에 살면서 절약하고 저축하고 투자하는 것은 당연히 훌륭한 일이다. 그러나 어떤 상황이든 그 안에서 비롯되는 감정과 의미를 어떻게 끌어

낼지는 나에게 달려있다. 좋은 것들을 충분히 누린다면, 비싼 월세를 통해 자신에게 투자하는 거라고 생각해봐도 좋지 않을까?

나는 기왕 이렇게 된 거 이 경험을 즐기기로 했다. 앞으로 더 좋은 곳에 살려면 어떻게 해야 할까 생각하고, 나에게 가치 있는 공간이란 어떠해야 하는지 정리하는 시간으로 만들기로 했다. 무엇보다 이 자취방이 주는 '좋음'을 충분히 즐기기로 했다. 단순히 몇십만 원을 내며 월세를 산다고 생각하면 쓰는 돈이 아깝다는 생각이 들지만, 지금 이 집이 나의 좋은 집을 위한 경험재라고 생각하면 시야가 넓어진다. 미래에 살고 싶은 집을 상상하는 것은 달콤한 꿈을 꾸는 것과 같다. 내가 되고 싶다고 생각하는 '미래의 멋진 나'가 있는 배경이 바로 집이니까. 그리고 목표를 세우고 그 과정 자체를 즐기면 오늘의 나 또한 즐거운 시간을 보낼 수 있다고 믿는다.

이 정도면 비싼 월세의 가치를 충분히 누리고 있다고 해도 되겠지?

3장

만 25세,
월세 받는 집주인이 되다

집을 산 것은 위기감 때문이었다

▪▪▪ 이야기는 다시 부산에서 근무하던 때로 돌아간다. 따사로운 햇살과 함께 맞이한 한적한 토요일 오후, 책상 앞에 앉아 문득 계산기를 두드려보다가 위기감이 느껴졌다. '아기를 낳지 않는다고 해도, 월급 모아 가지고는 내 한 몸 죽을 때까지, 아니 70세까지 건사하기도 힘들 거 같은데?'라는 생각이 들었기 때문이다. 자식 하나 잘 키워보겠다고 젊은 날을 희생해 힘든 시간을 인내해온 엄마는? 직업 운이 없어 노후 준비라곤 전혀 돼있지 않은, 이야기를 좋아하는 딸을 위해 밤마다 머리를 쥐어짜던 아빠는? 돈 많이 벌어서 효도할 거라던 어릴 적 꿈은 온데간데없어지고, 내 한 몸 챙기기에 급급해져 버린 이 상황이 싫었다.

사실 70세까지 갈 필요도 없다. 직장인은 회사를 태양 삼아 움직이는 해바라기다. 회사가 강남에 있으니 강남으로의 접근성이 좋은 곳에 살고자 하고, 회사가 지방에 내려가라 하면 별수 없이 내려가 살아야 하는 운명이다. 나는 영업 조직에 몸담고 있는 터라, 다른 직장인들에 비해 지역 이동의 가능성이 큰 편이다. 부산에 있었던 것도 그 때문이었다. 회사의 명령으로 가족도 친구도 없는 도시에 살고 있었다. 그나마 다행인 건 회사에 주거 관련 지원이 있다는 것이다. 회사를 통해 집을 매매하거나 전세를 구할 때 쓰는 목적으로 돈을 빌리게 되면, 입사한 지 오랜 시간이 지나지 않아도 신용대출을 받을 수 있었다. 당시 부산에서 살고 있던 전셋집도 그걸로 구한 거였다.

이 대출은 신용대출이기 때문에 전세금을 돌려받았다고 해서 바로 상환할 필요는 없고, 원하는 곳에 자금을 활용하다가 원하는 때에 상환을 하면 된다. 나는 당연히 이 돈을 서울로 발령 났을 때 보증금으로 다시 사용하게 될 거라고 생각하고 있었다. 서울 가면 월세를 살아야 하나, 전세를 살아야 하나 고민이 됐다. 땅은 좁고 사람은 많은 서울에서 월세로 산다는 건 소중한 월급이 토막 난다는 것을 의미했다. 하지만 원룸 전세는 대출을 허용하는 경우도 잘 없거니와 매물 자체가 귀한 상황이었다. 그러면 월세를 억지로 살긴 해야겠는데 싫었던 것이다.

그러다가 월세 보증금은 그렇게 크진 않을 테니 남는 돈으로 고향에 싼 집이라도 하나 사서 월세를 받아볼까 하는 생각이 번쩍 들었다. 내 고향은 지방의 작은 도시여서 매매가가 1억 원 미만은 물론 5천만 원 정도인 아파트도 많았기 때문이다. 꼭 회사를 통해 대출받은 전세금을 쓰지 않더라도 주택담보대출을 받으면 될 것 같았다. 대출 한도가 어느 정도 되는지 보금자리론✦을 막 알아보던 찰나, 엄마한테 전화가 왔다.

"우리 집(본가) 근처에 괜찮은 아파트가 싸게 나왔는데, 한번 사볼래?"

"뭐야, 텔레파시가 통했나? 어딘데?"

엄마는 일단 아파트를 사서 월세를 주고, 나중에 서울 발령이 나면 월세를 받아다가 서울 월세에 보태면 어떻겠냐고 제안했다. 엄마도 내가 서울에 가게 될 때를 걱정하면서 머리를 싸매고 있었던 것이다. 아파트는 18평, 남서향에 엘리베이터는 있지만 리모델링이 전혀 돼있지 않은 집이었다. 1997년 건축으로 지어진 지 오래되긴 했으나 위치는 고향에서도 좋은 지역에 있는, 조건이 전반적으로 꽤 괜찮은 편에 속하는 아파트였다.

아파트를 구매하면 감당해야 할 리스크가 몇 가지 있었다. 먼저, 이번에 주택을 구매하게 되면 생애 최초 주택 취득자 자격은

✦ 금융기관에서 부동산을 담보로 해 주택저당증권을 발행하고 고객에게 장기로 해당 주택 구매 자금을 대출해 주는 제도를 말한다.

영원히 가질 수 없게 됐다. 그 말은 주택 구매나 세금과 관련한 몇몇 혜택에서 제외되는 것을 의미했다. 보통 청약에서는 생애 최초 주택 취득자를 요구 조건으로 내세우는 경우가 많다. 그런데 청약에 당첨될 확률은 현저히 낮은 데다가, 나는 하루빨리 내 집을 마련하고 싶은 상황이라 계속 생애 최초 주택 취득자라는 자격을 유지하는 것에만 매달려 있을 수는 없을 것 같았다. 그래서 이 부분은 크게 미련을 두지 않았다.

둘째, 집값이 내려갈 위험이 있었다. 특히 수요가 받쳐주지 못하는 지방 중소 도시의 집값은 앞으로 더 떨어질지도 몰랐다. 그러나 이것은 내가 구매하려는 주택의 절대적인 집값이 싸고, 내 수준에서 충분히 감당할 수 있는 규모라는 점에서 문제가 되지 않았다. 매매가가 6천만 원대라 집값의 20~30%가 내려가도 내 선에서 감당할 수 있고, '안 떨어지면 땡큐!'인 상황이었다.

셋째, 부동산은 환금성換金性(물건을 팔아 돈으로 바꿀 수 있는 성질)이 낮은 자산이기 때문에 몇천만 원이 묶이게 되는 셈이었고, 시시각각으로 변하는 부동산 정책에 대응하기가 어려워질 수 있었다. 하지만 위험이 예상된다고 해서 이대로 머무를 수는 없다는 사실이 당시의 나에게는 무엇보다 중요하게 느껴졌다.

'그래, 질러보자. 인생 뭐 있나?'

심장이 콩닥콩닥 떨렸다. 집을 직접 보진 못했지만, 그에 관해서는 엄마를 믿고 가계약금 100만 원을 보냈다. 내 나이 만 25세, 생애 첫 주택을 구매하기로 한 것이다.

생애 첫 내 집 마련의 마음가짐

■■■ 휴가를 내고 고향으로 갔다. 집을 둘러본 후 집주인과 만났다. 집주인은 집을 싸게 파는 것을 굉장히 아쉬워했다. 고향에 있는 아파트들의 가격은 2016년경까지 오르다가 이후 하락세를 보이고 있었고, 계약 당시의 집값은 10년 전 가격과 거의 유사한 수준이었다. 집주인은 10년 전에 이 집을 6,500만 원 정도에 구매했고, 살 때의 집값과 거의 같은 값으로 나에게 파는 것이었다. 그동안 월세 수익이 발생하긴 했지만, 아무리 그래도 10년 전 대비 물가 상승률조차 반영되지 않았기 때문에 아쉬움이 있을 만했다. 게다가 중간에 실거래가가 1억 원이 넘을 때도 있었으니, 최고가를 놓치고 이 가격에 팔기가 더 아까웠을 것이다.

나는 이 대목에서 집값이 더 내려갈 확률은 낮다고 판단했다. 아무렴 10년 전보다 더 내려갈까 하는 생각이 있었던 것도 사실이고, 어차피 부동산이나 주식 등 모든 투자에서 손실 가능성이 없는 이익은 기대할 수 없다고 생각했다. 과거 대비 상대적인 가격은 그렇다 치고, 절대적인 가격이 7천만 원 이하로 낮다 보니, 가격이 20% 이상 떨어진다고 해도 충분히 감당할 수 있는 수준이었다. 그래, 여차하면 회사 몇 년 더 다니면 되지! 지금 집값에서 2천만 원 정도 떨어진다고 하면, 짜증은 나겠지만 눈물이 나거나 밤에 잠을 못 잘 정도는 아닐 것 같았다. 애초에 이 주택 매수는 시세 차익을 노리기보다는 임대 수익을 창출해서 서울 월세나 전세자금대출 이자에 보탤 생각이었다. 순전히 직장 때문에 서울에 가 있어야 하는 처지를 조금이라도 돕고자 선택한 길이었던 것이다.

주택 매매에 대한 연습의 개념도 있었다. 집 구경도 해보고, 계약도 해보고, 빚도 내보고, 인테리어도 해보고. 싼 집이라도 직접 사보면 도움이 될 것은 분명했다. 뭐든 시작을 해봐야 시행착오를 겪으면서 더 많이 배우듯, 내 집 마련 역시 작은 것이라도 하나 시도해보면 부동산에 더 관심이 생기게 되고, 새로운 지식을 습득하는 데 필요한 열정도 더 활활 타오른다. 다음 집을 살 때는 좀 더 잘 따져 구매할 수 있을 거라는, 좀 더 마음의 장벽을 허물고 접근할 수 있을 거라는 기대도 생겼다. 금액대가 낮아서 이렇게 과한 의미를 부여하는 게 웃기기도 하지만 당시의 나에게는 나름 큰 의미가 있었다.

가끔 고향 친구가 "왜 우리 엄마, 아빠는 서울에 자리를 안 잡고 고향에 자리를 잡았을까? 서울에 집이 없는 건 비극이야. 서울에 본가가 있는 애들은 그걸로 이미 금수저야"라는 말을 하곤 한다. 어느 정도 공감 가는 말이다. 그러나 집을 살 때는 지방에서 나고 자랐기 때문에 좋은 부분도 분명히 있다. 나는 지방 출신이기에 작은 도시에 있는 아파트도 제 기능을 한다는 것을 알고 있었고, 동네의 어디가 좋은지도 명확하게 알고 있었다. 누군가는 지방 부동산은 이제 절대 사면 안 된다고 생각하지만, 실제로 그렇지는 않다. 값이 싼 곳에 돈이 몰리는 법이다. 그리고 내 경우, 투자를 떠나서 수도권과 비교하면 터무니없이 낮은 가격에 집을 구매해볼 수 있는 것 자체가 운이 좋은 일이라고 생각했다. 경험을 통해 배우는 것은 책이나 영상을 보기만 하는 것보다도 훨씬 실질적인 배움이 되니, 집값이 조금 내려가는 것은 그에 대한 비용을 치른다 생각해도 좋을 수준이었다.

물론 나중에 내가 수도권에 집을 구매하기 위해 다시 자금이 필요해질 시점에 집값이 올라가 있으면 당연히 좋을 거였다. 마다할 이유가 없다. 하지만 그에 대한 욕심은 잠시 내려놓고 계약을 진행했다(집값이 하락해도 문제없을 이유에 대해 이미 구질구질하다 싶은 정도로 많이 생각한 후였다). 생애 첫 주택 구매라니! 권리관계가 넘어오지 않았지만, 계약만으로 벌써 두근두근 설렜다.

다음 단계는 계약금이었다. 계약금은 보통 주택 매매 금액의 5~10%를 치른다. 그래서 가계약금을 포함한 계약금 650만 원을 부쳤다. 계약 날 다 같이 확인한 등기부 등본 을구✦에는 집주인이 집을 담보로 받아둔 대출이 일부 있었는데, 이것은 내가 잔금을 치르면 말소하기로 했다.

이제 대출을 알아봐야 했다. 대출은 주택금융공사를 통한 보금자리론을 가장 먼저 알아봤다. 보금자리론은 주택담보대출 중 이자율이 가장 낮은 편으로, 내가 대출을 받아야 했던 시점인 2020년 3월 기준으로 상환 기간에 따라 2.2~2.55%의 이자율을 적용했다. 시중 은행에서는 2.5% 정도부터 이자율이 형성됐다. 대출을 얼마나 받을 수 있을까 하고 주택금융공사 홈페이지(www.hf.go.kr)에 들어가 내 정보를 토대로 예상 대출을 조회해 보니, DTI 제한은 없고 LTV 70% 내에서 최대한의 대출이 가능했다.✦✦ 그런데 보금자리론은 대출 신청일로부터 승인일, 시행일까지 시간이 꽤 걸린다고 했다. 홈페이지에서는 최장 70일이라고 안내하는데, '에이, 설마 70일씩이나 걸리겠어?' 싶어 후기들을 살펴봤더니 진짜로 최소 45일은 걸리는 모양이었다. 워낙

✦ 등기부 등본 갑구에는 소유권에 관한 사항, 을구에는 소유권 이외 전세권, 근저당권 등의 기타 권리에 관한 사항이 기록돼 있다.

낮은 이자율이다 보니 많은 사람들이 몰려 더 그런 듯했다. 최근에는 이런 대출의 이용이 많고, 부동산 중개사들도 이에 대해 인지를 하고 있어서, 사전에 잘 협의하면 잔금일을 충분히 조정할 수 있다.

하지만 당시 나의 잔금일은 겨우 2주 뒤였다. 잔금일을 바꾸려면 집주인에게 새롭게 양해를 구해야 하는 데다가 이자율이 크게 차이 나는 것은 아니니 보금자리론을 포기하고 시중 은행 대출을 이용하기로 했다. 정부에서 내주는 대출이나, 은행에서 내주는 대출 모두 고정 금리 또는 변동 금리를 기본으로 하고 거기에 더해 우대 금리를 적용해주기도 한다. 정부에서 하는 것들은 다자녀나 신혼부부 등 인구통계학적, 사회통계학적 요소들에

✦ DTIDebt To Income(총부채상환비율)는 주택담보대출 원리금 상환액이 소득에서 차지하는 비중이다. LTVLoan To Value ratio(주택담보대출비율)는 주택을 담보로 돈을 빌릴 때 적용되는 최대 대출 가능 한도를 말한다. 예를 들어 '투기과열지구 LTV가 40%로 낮아진다'고 하면 시세가 8억 원인 아파트를 담보로 그 시세의 40%인 3억 2천만 원까지만 대출받을 수 있다는 뜻이다. 이때의 시세는 매매가, KB국민은행의 KB 부동산 시세, 한국부동산원(전 한국감정원) 시세(KB 부동산 시세 미등재 시) 중 낮은 것을 채택한다.

참고로 대출에서는 DSRDebt Service Ratio(총부채원리금상환비율)이라는 개념도 중요하다. DSR은 연 소득 대비 전체 가계 부채 원리금이 차지하는 비율로 2022년 4월 현재, 총대출액이 2억 원을 초과하는 경우 은행 대출 원리 금액이 연 소득의 40%를 넘지 못한다. 예를 들어, DSR 제한이 40%라면 연 소득이 6천만 원일 때 원금과 이자를 합쳐 연 단위로 지출하는 금액이 2,400만 원을 넘지 않아야 한다. 담보대출, 신용대출을 모두 고려하는 DSR이 DTI에 비해 좀 더 보수적인 개념이다.

따른 우대 금리가 적용된다. 반면, 은행에서는 적금 상품에 가입한다든지, 은행과 같은 그룹에서 운영하는 카드사의 카드를 이용하고 해당 은행 계좌와 연동시킨다든지, 은행에서 당시에 주력해서 홍보하고 있는 앱을 설치한다든지 해당 은행의 상품을 이용하면 우대 금리를 적용해주는 경우가 많다. 나는 가능한 모든 조건을 충족시켜서 2.86%의 금리로 주택담보대출을 받았다.

대출금은 잔금을 치르기 전에 무사히 들어왔고, 은행에서 소개해준 법무사를 통해 전 집주인이 주택담보대출 때 잡아둔 근저당권을 말소하는 것도 확인했다. 등기에 내 이름이 올라가기만을 기다리며 회사에서 일하고 있는데, 엄마에게 문자가 왔다.

"딸! 아파트, 네 이름으로 바뀌었다!"

이제 정말로 전 주인의 집에 대한 권리가 나에게 넘어온 것이다. 나를 의미하는 언어가 바로 이름이고, 그 이름이 아파트에 붙었다고 하니, 그 아파트가 내 것이 된 게 맞는 것 같았다. 대법원 인터넷등기소에 들어가서 모바일 열람을 해봤다. 세상에! 정말로 내 이름이 들어가 있었다. 처음으로 내 소유권의 등기부 등본을 손에 넣게 된 것이다. 엄마가 나에게 집에 관해 이야기할 때마다 입버릇처럼 말한 게 있었다.

'네 이름으로 된 등기를 받아보면 기분이 다를 거야.'

그 말대로였다. '소유자'라는 단어 뒤에 내 이름 석 자가 있으니 아주 뿌듯하고 스스로가 기특한 기분이 들었다. 지금까지 살면서 기쁜 일, 뿌듯한 일은 많았지만, 그것과는 좀 다른 기분이기도 했다. 이 느낌은 뭐지? 이런 오묘한 감정은 처음인데? 마음속에 떠오른 감정이 낯설다고 느낀 건 오랜만이었다. 주택담보대출을 받았기 때문에 을구에는 은행 이름으로 근저당권 설정✦이 잡혀있긴 했지만, 앞으로 몇 년만 더 애쓰면 채무 제로 상태의 온전한 내 집이 될 수 있었다. 또 하나의 목표가 생겼다. 이 아파트를 온전한 내 집으로 만들기! 몇억, 몇십억 원 단위의 아파트 가격에 익숙해진 사람에게는 귀여울 정도로 저렴한 아파트지만, 나에게는 존재만으로도 든든한 뒷배가 생긴 기분이었다.

✦ 은행에서 근저당권을 설정할 때는 실제 대출 금액의 120%를 설정한다. 부실이 발생할 경우 연체이자 등의 비용을 고려해서 미리 대출 원금보다 많이 설정을 해 두는 것이다. 대출금을 다 갚으면 모두 말소된다.

집의 가치를 높여주는 인테리어 실전

▪▪▪ 시점은 계약서를 쓴 날 휴가를 내고 집을 보러 갔을 때로 돌아간다. 내가 산 아파트는 같은 동네에 있어서 어릴 때부터 종종 봤던 아파트였는데, 내 집이 된다고 생각하니 달리 보였다. 왠지 모르게 괜히 더 좋아 보였다. 1997년에 지어진 복도식 아파트였기 때문에 외관은 많이 낡았지만, 엘리베이터는 최근에 교체했는지 반짝반짝 광택이 났다. 엄마가 비밀번호를 '띠띠띠' 눌렀는데, 살짝 긴장한 나머지 그 장면도 왠지 슬로우모션처럼 느껴졌다. 공급 면적 61제곱미터, 전용 면적 45제곱미터의 18평짜리 집이었다.✦✦ 집 내부에 대한 첫인상은 뭐랄까. 민트색 인테리어가 아주 '아찔'했다.

놀랍게도 벽지도 민트색, 욕조도 민트색, 조명도 민트색, 싱크대도 민트색이었다. 모든 가구가 민트색이었고, 문손잡이는 당구공같이 생긴 금장과 민트색의 혼종이었다. 예전에 팥죽색 인테리어가 유행하기도 한참 전에, 한동안 민트색 인테리어가 유행했던 시절이 있었다고 한다. 그 유행을 철저히 따른 집이었다. 색도 색이지만, 전반적으로 낡은 느낌이 있었기 때문에 월세를 주려면 인테리어를 새로 해야 했다. 다행히 내 옆에는 인테리어를 싹 손봐서 월세 내준 경험이 많은 든든한 부동산 멘토, 김 여사님이 있었다. 바로 우리 엄마! 엄마가 현장 지휘를 맡되, 인테리어 업자 실사 시에는 내가 무조건 참여하고 모든 결정은 내가 내리는 것으로 합의했다.

그 외에 집의 구조나 곰팡이 등 위생 환경, 누수 상태, 발코니 밖으로 펼쳐진 전망은 괜찮은 편이었다. 직접 거주할 집이 아니지만, 왠지 상상이 됐다. 아침에 일어나 햇살을 맞으며 흰 찻잔에

✦✦ 전용 면적은 그냥 우리가 생각하는 집, 그 자체의 면적이라고 생각하면 된다. 현관문을 열고 들어갔을 때 누릴 수 있는 공간, 즉 안방, 작은방, 화장실, 주방 등의 면적을 합친 것이 전용 면적이다. 공급 면적은 여기에 주거 공용 면적을 더한 개념이다. 주택에는 계단이나 엘리베이터 등 주거를 위해 필요한 공용 공간들이 있다. 여러 사람이 함께 쓰는 이 면적을 세대별로 나눠 각 세대의 전용 면적에 더한 것이 공급 면적이라고 할 수 있다. 참고로 우리가 흔히 베란다라고 부르는 발코니는 주택 사업 주체가 제공하는 서비스 면적에 해당한다.
공급 면적 = 전용 면적(집) + 주거 공용 면적(엘리베이터, 계단, 복도 등)

따뜻한 차를 담아 홀짝이면서 먼 곳을 바라보는 내 모습이. 나와 함께 발코니 밖을 바라보던 엄마가 말했다.

“이런 게 중요한 거야. 인테리어는 돈 들이면 되는데, 이런 건 돈 들여도 못해. 여기는 층수도 좋고, 다 좋아. 네모반듯하고, 남향이고. 엄마가 남향 좋아하는 거 알지?”

엄마가 하도 그렇게 말해서 세뇌당해 버린 지 오래였다. 나 역시 느낌이 좋았다. 어느새 이 집과 사랑에 빠진 것만 같았다. 하지만 사랑은 사랑이고…… 민트색! 이 민트색은 어쩌면 좋을까? 집을 사랑한 나머지 민트색 인테리어마저 사랑하게 될 위험이 있었으므로 눈에 더 익기 전에 속히 처단하기로 했다. 민트 초코라면 사족을 못 쓰는 민초단이라 해도 다시 생각해볼 민트 지옥 인테리어 탈출기가 시작된 것이다.

인테리어 공부를 시작하기 위해서, 그리고 내 집이 있다는 사실이 마냥 좋아서 유튜브나 블로그, 인테리어 후기 등을 적극적으로 찾아보게 됐다. 경험이 없는 사람이 인테리어 업체를 알아보는 방법은 여러 가지가 있겠지만, 역시나 지인 소개가 가장 빠르고 그게 아니라면 공인중개사 사무소나 동네 인테리어 가게 등에 문의를 하는 방법이 있다. 직접 거주할 집은 미적인 부분에 신경을 좀 더 쓰게 되므로 블로그나 인스타그램을 운영하는 인테리어 업체의 사진을 검색해서 찾아보고 그곳에 의뢰하는 것도 좋다. 그런 곳은 아무래도 포트폴리오가 잘 정리돼 있어 인테리어 공부를 하기도 좋다(특히 추상적으로, 느낌적인 느낌만 머릿속에 둥둥 떠다니고 있는 상황이라면 더욱더 유용하다. 다른 사례를 참고해 여기에서는 주방 스타일을, 저기에서는 조명 구성을 가져올 수도 있기 때문이다). 요즘은 프리랜서 매칭 플랫폼인 '크몽'이나 '숨고'를 활용하면 손쉽게 인테리어 관련 조언을 얻을 수 있고, 견적을 받아 시공을 의뢰할 수도 있다(다만 가격이 천차만별이며, 출장 비용이 많이 들 수 있으니 꼼꼼히 비교해야 한다). 그리고 내 경우 만능 채널인 유튜브와 블로그를 통해 인테리어 과정이나 전후 비교 영상, 포스팅을 찾아보는 것도 꽤 재밌고 유용했다. 하긴, 내 집을 탈바꿈하는 것인데 뭔들 재밌지 않을까!

인테리어 업체에서는 보통 본인이 직접 살 집은 평당 100만 원을 잡으면 된다고 했다. 이 집은 월세를 줄 집이었기 때문에 내 개인적인 취향을 반영하기보다는 깔끔하고 군더더기 없이, 집의 기능을 충실히 이행하는 것에 목적을 두고 인테리어를 진행했다. 나는 딱 1천만 원을 예산으로 잡았다. 인테리어는 스펙트럼이 다양하고 거기에 따라 금액도 천차만별인지라 어디서부터 어디까지 건드릴지, 어떤 것에 힘을 주고 힘을 뺄지 결정하는 것이 중요했다.

인테리어는 잔재들을 청산하고, 집의 기능적인 측면을 정비하고, 심미적인 요소를 추가하는 순서로 진행됐다. 한 업체에 모든 작업을 맡기는 경우도 있고, 공사별로 따로 맡기는 경우도 있는

데, 보통은 편의성을 고려해 전자로 진행하는 듯했다. 후자는 발품을 많이 팔아봐야 한다. 인테리어 업자들에게 견적 요청을 하면 출장을 와서 집의 구조나 길이를 보고 대충의 견적을 뽑아주는데, 업자마다 경쟁력 있는 시공이 다르므로 어떤 곳은 새시sash가 싼 대신 타일이나 도배, 장판이 비싸기도 하고, 어떤 곳은 그 반대이기도 했다.

나는 다른 지역에서 근무하고 있었기 때문에 시간을 많이 내기가 어려운 상황이었다. 그래도 시간이 될 때 최대한 현장에 가서 견적을 받아봤고, 업체에서 정리해서 보내준 자료를 보고 어떤 순서로 진행할지, 어떤 것에 집중할지 등을 결정했다. 그 결과를 토대로 시공별 견적을 따로 알아봤고, 가장 괜찮은 재료와 가장 합리적인 가격으로 작업을 해주는 곳에 각각 따로 의뢰했다. 엄마가 현장을 진두지휘하며 모든 과정에 대해 진행 상황을 알려주었고, 조정할 부분은 모두 나와 상의 후에 진행했다. 내가 살 집은 아니지만 내 감성으로 살짝 터치하고 싶어서 포인트 조명도 하나 설치하니 꽤 그럴듯한 집이 됐다. 엄마는 새로 꾸민 집을 보고 엄마가 살고 싶다고 할 정도였다. 나 역시 집이 무척 마음에 들어서 이 집을 통째로 들어 회사 근처 어디쯤으로 옮기고 싶다는 생각이 들었다.

인테리어에는 예산을 수립한 대로 거의 1천만 원에 근접한 비용을 썼다. 모든 비용은 입출금 내역으로 잘 메모해 두었다. 나중에 주택 관련한 자금의 출처나 규모를 증빙해야 하는 경우가 생길 수도 있고, 양도 소득세를 매길 때 집으로서의 가치와 그에 들어간 비용을 인정받기 위해 필요할 수도 있기 때문이다. 발코니 확장 공사, 난방 시설 교체 등 집으로서 기능을 확충하기 위해 들어간 비용은 양도 소득을 책정할 때 반영될 수도 있다고 한다. 다른 건 반영이 안 될 가능성이 크다고 하지만 혹시 모르니 모두 충실히 기록했다.

인테리어까지 마치고 나니 이제 진짜로 중요한 단계가 남아있었다. 나만큼이나 만족하며 잘 살아줄 세입자를 구해야 했다.

월세라는
아주 든든한 뒷배

■■■ 월세는 보증금 1천만 원에 월 35만 원을 생각하고 있었다. 당연히 생전 본 적 없는 남에게 월세를 주리라고 생각했는데, 뜻밖에도 내 집의 첫 세입자는 사촌 오빠였다. 사촌 오빠가 고향에 일하러 와있었기 때문이다. 보증금을 높게 받고 2년 치 월세 240만 원을 일시에 받았다. 받은 보증금으로 주택담보대출을 일부 상환했다. 중도 상환 수수료가 들긴 했지만, 월 납부금을 줄이고 부채의 규모를 줄인다는 점에서 의미가 있었다. 사촌 오빠는 이직을 하게 되면서 1년을 채우지 못한 시점에 집을 비웠다. 나는 그간 모은 돈으로 보증금을 돌려주고, 다음 세입자를 구할 때까지의 기간을 제외한 나머지 월세를 반환했다.

다음 월세 세입자는 생각보다 수월하게 구해졌다. 지역 신문과 부동산을 통해 광고를 게재했는데, 결과적으로 당근마켓을 통해서 월세 세입자를 구하게 됐다. 엄마와 세입자 모집 공고를 작성하고 집을 찍은 사진 중 잘 나온 것을 골라서 첨부했다. 옵션을 선택해 광고도 집행했다. 집의 퀄리티에 대해서는 자신이 있었다. 동네의 동일 평수, 동일 방향에서는 최고의 집 중 하나일 거라고 생각했다. 당근마켓으로 거래를 하면 광고 비용이 들긴 하지만, 직거래라 부동산 중개 수수료를 절감할 수 있다. 글을 올리자마자 빠르게 세 사람에게 연락이 왔고, 그중 가장 먼저 계약하자고 하는 분과 계약을 진행했다. 새 세입자는 70대의 어르신이었고, 계약은 아드님과 진행했다. 계약 시 세입자 측에서 이 집에 오래 살고 싶다는 의사를 밝히셔서 다행이었다. 안정적인 임대를 할 수 있을 것 같아 기분이 좋았다. 내가 모르는 사람에게 월세를 받는 집주인이 되다니!

첫 월세가 들어왔을 때의 기분은 뭐랄까, 막 신나지는 않았지만 신기했다. 그리고 무엇보다 이제 시작이라는 생각이 강하게 들었다. 왠지 모를 결연한 의지가 생기는 기분이었다. 이렇게 집을 사고 월세를 받음으로써 가장 좋은 점은 내 월세 지출에 대한 방어가 된다는 것이었다. 나 역시 강남에서 월세살이를 하고 있는 지금, 매달 35만 원짜리 월세를 받는 게 얼마나 큰 힘이 되는지 모른다. 예전에는 35만 원이 의미 있는 액수라고 생각하지 못

했는데, 경제생활을 하고 보니 35만 원은 정말 큰돈이었다.

매달 돈이 드나드는 과정을 말해보자면, 25일에 월급이 나오고 거기서 신용카드 결제 대금과 주택담보대출 원리금, 신용대출 이자가 썰물처럼 빠져나간다. 통장 잔고가 한 차례 텅 비고 나면 다시 28일에 35만 원짜리 밀물이 들어찬다. 월세가 들어온 것이다. 그러면 그 돈을 보태 다음 달 1일, 나도 월세를 낸다. 각종 공제를 하고 실제 통장에 찍히는 월급 실수령액이 많지 않아서 월세를 받지 않았다면 남는 돈이 얼마 안 됐을 텐데, 월세를 받고 있어 그나마 나은 상황이 만들어졌다. 집을 사서 월세 받기를 잘했다는 생각이 매월 28일마다 든다.

부린이 탈출 비법

단독 세대주 구성

갑작스레 떠오른 단독 세대주 문제

첫 집을 구매하려고 했을 때 부동산에서 문제를 제기했다. 만 25세인 내가 단독 세대주✦가 될 수 있냐는 것이었다. 결론부터 말하자면, 단독 세대주가 될 수 있다. 나는 부산 전셋집에 들어가면서 이미

✦ 세대주는 세대의 대표다. 한 집에 거주하는 사람들 간의 대표는 한 명만 될 수 있다. 세대주가 주택을 갖고 있고, 세대원이 주택을 매매한다면, 이 세대에는 주택이 두 채 있는 것으로 여겨진다. 그래서 세대 분리를 할 수 있느냐, 그렇지 않느냐가 문제가 되는 것이다.

단독 세대주로서 세대 분리를 한 상태였다. 전입신고도 해야 하고, 전세권 설정도 해야 했기 때문이다. 당시 엄마는 미래에 집을 매매할 때를 준비해두는 측면도 강조했다.

왜 단독 세대주가 돼야 할까?

단독 세대주란 본인 단독으로 세대를 구성하고 있는 경우를 의미한다. 말하자면, 등본을 떼면 직계존비속(부모, 배우자, 자녀 등) 없이 본인 이름만 나와 있다는 거다. 주택 수는 세대 단위로 매겨지는데, 보통은 남자인 가장, 즉 아빠가 세대주고, 엄마와 내가 세대원인 상태에서 내가 집을 구매하면, 그 집은 내가 있는 세대에 추가돼 버린다. 당시 엄마가 갖고 있는 집 한 채가 이미 있었고, 거기에 내가 집을 구매하는 것이었기 때문에 내가 세대 분리를 하지 않았다면 우리 집은 2주택이 되는 셈이었다. 1세대 1주택은 별문제가 없으나, 2주택부터는 세금 때문에 여러 모로 신경을 써야 한다. 취득세, 양도세 등에서 과세율이 높아질 수 있기 때문이다. 사실 엄마가 갖고 있던 집의 시세가 높지 않고, 지방 중소 도시의 1세대 2주택은 투기과열지구나 조정대상지역의 1세대 2주택과는 결이 다르지만, 단독 세대주로서 세대 분리를 하는 것이 관리가 쉽고, 문제의 소지를 줄일 수 있는 길인 것은 맞다.

미혼의 만 25세는
단독 세대주가 될 수 있을까?

결혼을 해서 분가를 하지 않는 이상 세대 분리를 할 수 없다는 인식이 있다. 소득세법에서는 '1세대'를 아래와 같이 정의하고 있다.

> 거주자 및 배우자(법률상 이혼을 했으나 생계를 같이 하는 등 사실상 이혼한 것으로 보기 어려운 관계에 있는 사람을 포함한다. 이하 이 호에서 같다)가 그들과 같은 주소 또는 거소에서 생계를 같이 하는 자(거주자 및 그 배우자의 직계존비속 및 형제자매를 말하며, 취학, 질병의 요양, 근무상 또는 사업상의 형편으로 본래의 주소 또는 거소에서 일시 퇴거한 사람을 포함한다)와 함께 구성하는 가족 단위를 말한다. 다만, 대통령령으로 정하는 경우에는 배우자가 없어도 1세대로 본다.
> '대통령령으로 정하는 경우'란 다음 각호의 어느 하나에 해당하는 경우를 말한다.
> 1. 해당 거주자의 나이가 30세 이상인 경우
> 2. 배우자가 사망하거나 이혼한 경우
> 3. 법 제4조에 따른 소득이 〈국민기초생활 보장법〉 제2조 제11호에 따른 기준 중위 소득✦의 100분의 40 수준 이상으로서 소유하고 있는 주택 또는 토지를 관리, 유지하면서 독립된 생계를 유지할 수 있는 경우. 다만, 미성년자의 경우를 제외하되,

✦ 2021년 기준 1인 가구의 중위 소득은 월 1,827,831원이다.

미성년자의 결혼, 가족의 사망 그밖에 기획재정부령이 정하는 사유로 1세대의 구성이 불가피한 경우에는 그러하지 아니하다.

- 소득세법 제88조(정의) 제6호

정리하면, 원칙적으로는 배우자 및 직계존비속과 함께해야 세대가 성립되기 때문에 '단독' 세대주는 존재할 수 없는 개념이지만, 위의 요건 중 하나라도 충족하면 단독 세대 구성이 가능하다는 것이다. 나처럼 30세 미만이라도 일정 수준 이상의 경제적 능력을 갖추고 있으면 세대를 분리할 수 있다. 중개사는 "아마 안 될 건데……?" 하고 계속 이야기했다. 부동산 중개업자가 내가 아는 것과 다른 이야기를 할 때는 겁먹지 말고 중개사 상담, 세무 상담, 은행 상담 등을 통해서 다른 전문가의 의견을 들어보면 된다. 안타깝지만 세법이나 관련 규제가 자주 바뀌기 때문에 전문가들도 늘 최신의 정확한 정보를 모두 꿰고 있을 수는 없다. 누구나 이와 같은 일을 종종 경험할 수 있으므로 최신의 정보를 꼭 찾아봐야 한다.

참고로 요즘은 한 지붕 아래에 같이 살아도 경제적으로 분리된 생활을 하고 있다는 것을 증명하면 세대 분리를 할 수 있다. 다양한 가족 형태, 주거 형태가 나타나면서 현실을 어느 정도 반영하려는 노력이라고 할 수 있다. 다만 청약을 위해, 또는 다주택자 종합 부동산세, 양도 소득세를 피하고자 실질적인 분리가 아님에도 세대 분리를 하는 것은 유의해야 한다.

4장

진짜 내가 살 수 있는 집을 사다

노원 아파트를 사지 않은 어처구니없는 이유

■■■ 'TV에 나온 그 집, 그 집이 내 집이었어야 해~'

첫 번째 구매한 집이야 월세 충당을 위해 산 거라고 해도, 여전히 내가 살 집이 필요했다. 직장과 가깝고, 친구들도 있는 수도권에 위치한 집이어야 했다. 사실 한 번의 기회가 있었다. 있었다는 것은 놓쳤다는 것을 의미한다. 엄마는 요즘도 한 번씩 전화나 문자 메시지로 나를 구박한다.

"그때 엄마가 노원 사라고 했을 때 샀어야지! 그때가 서울에 진입할 수 있는 마지막 기회였어, 으휴~"

노·도·강(노원구·도봉구·강북구). 그곳은 이름만 들어도 아쉬운 마음이 걷잡을 수 없이 가득 차서 머리부터 발끝까지 전율을 일으키는 곳이다. 엄마가 노원에 집을 사라고 한 시점으로부터 1년 후, 인터넷 뉴스 창은 노원구 집값 상승세가 무시무시하다는 기사로 도배됐다.

첫 번째 집을 사기 전에 엄마가 노원의 20평짜리 아파트를 사자고 제안했으나 나는 사지 않았다. 부산에 근무하고 있었던 터라 언제 서울에 올라갈지도 알 수 없거니와 회사가 위치한 강남에서 너무 멀어서 출퇴근이 힘들다는 다른 동료들의 후기가 왕왕 있었기 때문이다. 무엇보다 가장 큰 이유는 가보지 않은 것에서 비롯됐다. 아니, 도대체 한 번도 안 가본 동네의 아파트를 어떻게 사라는 걸까? 이해할 수 없다는 내 반응에 엄마는 집을 사는 건 그렇게까지 어렵게 생각할 일이 아니라고 했다. 자고로 집이란 그냥 세대 수 적당하고, 남향이고, 주변에 초등학교가 있으면 어느 정도 보장된 거라고.

그때는 코로나19로 온 나라가 얼어붙었을 때라 직접 가보지는 못하는 상황이었고, 나는 아무리 그래도 안 가보고는 못 사겠다고 버텼다. 지금 생각해보면 '왜 그랬니?' 하고 꿀밤을 먹여주고 싶지만, 그때는 가보지 않았다는 이유만으로 사기가 꺼려졌다. '어떻게 미지의 동네에 2억 원이라는 큰돈을 들여 집을 살 수가 있지?'라는 생각이었다. 엄마와 사흘 동안 엄청나게 싸웠다.

그러다가 결국 내가 이겨서 아파트를 사지 않았다. 아아, 그때의 나는 사실상 처참히 진 것이었다.

결과론적인 이야기이지만 엄마가 사라고 했던 그 아파트의 가격은 그때로부터 1년 뒤 딱 2억 원이 올랐다. 그때는 세제가 개편되기 전이라 세금 측면에서도 지금보다 훨씬 유리했던 때였다. 엄마는 요즘도 종종 그때의 이야기를 한다. 그러면 우리 모녀는 또 싸운다. 엄마한테 "어쩌겠어. 잘 배웠다고 생각하면 되지! 싸우면 뭐 해!"라고 반박하지만 나도 당연히 아쉬운 마음이 든다. 쓰라린 마음을 안고 부동산 시장을 지켜보면, 그쪽 동네에서는 하루가 다르게 아파트값 신고가가 경신됐다(사실 모든 아파트가 그럴 때였다). 이제 서울 진입은 끝인가 싶어서 걱정이 됐다.

그렇지만 그 대안으로 고향의 아파트를 구매해 월세를 받을 수도 있었고, 또 그때의 교훈으로 지금 이렇게 내 집 마련에 대한 굳건한 마음을 갖게 되었으니 충분히 배웠다고 생각한다. 정신 승리라 할지라도 과거는 과거일 뿐, 돌이킬 수 없다는 것을 알기 때문에 이제부터라도 어리석은 행동을 하지 않으면 그만이다. 앞으로 혹시 비슷한 기회가 온다면 신중하게, 그러나 어렵지 않게 다가갈 자신감도 생겼다. '그때 살 걸'은 누구나 하는 생각이자 언제든지 할 수 있는 생각이다. 앞으로 나아가는 데도 전혀 도움이 되지 않는 생각이다. 배움의 기회비용이 이렇게 크다.

그리고 그때의 교훈 덕분에 나는 인천에 두 번째 집을 사게 됐다. 봉천역에서 월세 계약을 파기하고 강남 월세로 들어가기 전 엄마와 나는 인천 이모 댁에 일주일 정도 얹혀살면서 그 지역에 관심을 갖게 됐다.

엄마와 나는 며칠 동안 자기 직전까지 부동산 앱을 보면서 주변 아파트의 시세를 알아보고 후기를 찾아봤다. 좋아 보이는 곳은 다 4억 원이 넘었는데, 나는 3억 원 이하의 집을 구해야 했다. 그 정도가 내가 감당할 수 있는 수준이었기 때문이다. 3억 원도 그 집이 되게 마음에 든다는 전제하에 무리할 수 있는 최대치의 가격이었고, 실질적으로는 2억 5천만 원 아래가 적당했다. 그나마 인천은 다른 수도권에 비해 집값이 싼 편이었기 때문에 기회를 찾는다면 이곳에서 찾아야만 했다.

당시 인천은 여의도와 용산으로 곧장 이어지는 GTX-B(수도권 광역 급행 철도) 노선과 월판선(월미도-판교를 잇는 광역 전철)에 관한 소식이 있었다. 기적의 선반영 논리는 주식뿐만 아니라 부동산에도 적용된다. 수도권에서 어떤 지역이나 아파트의 가격을 좌우하는 호재 중 하나는 아무래도 지하철 건설 계획이다. 누구나 '지하철이 들어오면 서울로의 접근성이 좋아지니까 그 근처의 집은 가치 있지'라고 생각할 수 있기 때문이다. 그러나 내가 알 정도면 이미 모두가 알고 있는 법. 막상 내가 그 가치를 깨달았을 때는 이미 늦었을 수 있으니 주의해야 한다. 나중에 유튜브 영상을 보며 배운 것인데, 지하철이라는 게 뚝딱 지어지는 것은 아니기 때문에 이야기만 나온다고 해서 함부로 행동하기도 어렵다고 한다. 그렇지만, 인천은 지하철 호재를 떠나서 수도권임에도 불구하고 그간 주목받지 못했다는 점을 살펴봤을 때 의미가 있다고 판단했고, 무엇보다 중요한 것은 내가 넘볼 수 있는 가격대의 집이 있다는 사실이었다.

나는 주택을 매매한다면 실거주를 할 수 있는 곳이어야 한다고 생각했기 때문에 실질적으로 회사까지 왔다 갔다 하는 시간이 1시간 반 이내인 곳을 찾으려고 했다. 또 나중에 정말 마음에 드는 다른 집을 구하기 전까지 꽤 오랜 기간을 거주할 수 있는 집을 골라야 한다고 생각했다. 그래서 우선은 엄마와 수도권 지하철 노선도를 펼쳐놓고 향후 광역 철도 건설 계획과 노선도를 공유하며 '이 정도 지역이면 좋겠다', '이 아파트면 괜찮겠다' 하고 이야기했다. 입주민들의 후기를 찾아보고 매물이나 로드뷰를 보며 부지런히 손품을 팔았다. 부산 전셋집을 정리하고 서울 월셋집을 구하는 전쟁과 같은 상황에서도, 모녀의 기대를 품은 주택 매매의 새로운 꽃이 피어나고 있었던 것이다.

그 유명한 갭 투자, 나도 한번 해볼까?

■■■ 엄마랑 집을 같이 보러 가기로 약속하고 남자친구와 데이트를 하고 있는데, 엄마가 갑자기 전화를 걸어 가계약금을 부치라고 했다. 같이 가기로 해놓고 왜 엄마만 갔냐고 화를 내면서도 순순히 가계약금을 부쳤다. 그리고 바로 다음 날 집을 보러 갔다. 부동산에서 나온 팀장님이 벨을 누르고 인사하자, 초등학생으로 보이는 아이가 강아지를 안은 채 문을 열어줬다. 집은 복도식 아파트였다. 거실과 주방, 화장실이 하나씩 있고, 방 세 개에 발코니가 꽉꽉 차 있었다. 노을이 질 무렵 발코니 창 너머로 보이는 스카이라인이 높지 않아서 좋았다. 회사까지의 거리는 1시간 반 정도였다. 솔직히 어떻게 다니나 싶었지만, 내가 살 수 있

는 집 중에 몸테크라 생각하고 다닐 만한 범위 내에 있는 집이기도 했다. 이 아파트를 거래하면서도 참 많은 것들을 배웠다. 다음부터 이어지는 내용은 계약 과정에서 내가 경험한 것들인데, 부동산 매매를 계획한다면 누구나 꼼꼼하게 챙겨야 할 것들이기도 하다.

서류
확인하기

집을 둘러본 후 계약서를 쓰러 부동산에 갔다. 집주인이 오기 전 부동산 소장님이 이것저것 서류를 확인시켜 주셨다. 계약서는 이렇게 쓸 거고, 건축물대장은 이렇고, 등기부 등본을 확인해보면 1억 원 가까운 금액에 대해 근저당권이 설정돼 있는데, 그건 집주인이 말소를 하고 잔금을 치를 거라는 내용이었다. 집은 부부의 공동 소유로 돼있었다. 이어 가장 중요한 것을 설명해주셨다. 계약일 기준 일주일 전에 전세 계약이 돼있고, 나에게 그 전세 계약이 승계되는 내용으로 매매 계약을 한다는 것이다. 소위 말하는 갭 구매였다. 매매가 1억 7천만 원에 전세금은 1억 4천만 원이며, 나는 매매 계약 때 3천만 원만 내면 되는 것이었다. 돈을 열심히 모아서 전세 세입자에게 보증금으로 내주고 인테리어를 한 후 입주하는 계획을 세웠다. 친절하게 설명을 마치신 소장님은 물어보고 싶은 게 있으면 다 물어보라고 하셨다. 냉큼 궁금한 것을 여쭤봤다.

취득세와 매도인의 하자 담보 책임

우선은 취득세 문제를 문의했다. 나는 이미 아파트를 한 채 소유하고 있었다. 내가 가진 아파트가 비록 1억 원에서도 한참 모자란 6,500만 원짜리, 그것도 지방 도시에 있는 소형 아파트이긴 했으나 1주택을 소유한 상태에서 집을 사는 것이었기 때문에 취득세를 알아볼 필요가 있었다. 다행히 아파트 가액이 크지 않고, 위치도 지방 소도시인지라 1%의 취득세를 적용받을 거라는 답변을 받았다. 소장님은 문제는 아마 아파트를 팔 때의 양도 소득세가 될 것이라고 말씀해주셨다. 나의 경우 갭 '투자'가 아니라 전세금이 마련되면 들어와서 살 것이기 때문에 큰 문제는 없을 테지만, 보유 기간이나 거주 기간에 따른 불이익에 관해서는 꼭 알아보라는 조언도 잊지 않으셨다. 세법이 워낙 복잡해서 본인은 상세히 설명을 못해주는 상황이니, 세무 상담을 받아보는 것도 한 방법이라고 하셨다.

당시 신문 기사에는 세법 모르는 부동산 중개업자, 세무사 이야기가 종종 등장했다. 하루가 멀다 하고 세법이 바뀌니, 바뀐 세법을 익힐라치면 그새 다시 세법이 개정되는 현실을 꼬집은 기사였다. 그 현실이 내 눈앞에도 있었던 것이다.

이어 집의 손상에 대한 책임 범위도 물어봤다. 집에 갔을 때 아이용으로 설치한 침대와 베란다의 데크를 철거하기로 했다는데, 거기에 대해서도 확실히 해두고 싶었기 때문이다. 소장님은 소유권이 넘어간 이후에도 사전에 인지하지 못한 하자에 대해서는 일정 기간 전 집주인에게 손해 배상의 책임(매도인의 하자 담보 책임)이 있다고 했다. 그 하자는 집의 기능을 해치는 경우, 즉 누수나 곰팡이와 같은 문제에 해당한다고도 말씀해주셨다(이것은 얼마 지나지 않아 내가 경험하게 될 사건에 대한 나름의 복선이었다).

전세 잔금과 매매 잔금 일정 조정

집주인은 약속 시간보다 10분 정도 늦게 도착했다. 나는 엄마와 함께 갔고, 집주인도 본인의 모친과 왔다. 이 아파트에 집주인 부부가 살다가 괜찮은 아파트다 싶어 계약 당일 함께 나온 모친께서도 같은 아파트 다른 호실을 매입해 이사를 왔다고 했다.

그 정도라면 나에게도 좋은 집이 돼줄 거라는 생각이 들었다. 한편, 집주인 부부는 다른 아파트로 이사할 계획이라 잔금 납부 시기가 문제가 됐다. 집주인은 세입자의 전세자금대출이 실행되는 날 나에게 매매 잔금을 받고 싶다고 했고, 나는 안전하게 전세자금대출이 실행되고 며칠 뒤에 잔금을 치르고 싶다고 했다. 전세자금대출이 실행되자마자 집주인이 바뀌면 전세자금대출에 문제가 생길 수도 있을 거라고 생각했기 때문이다. 이 부분에 대해서는 집주인이 오기 전, 소장님과 계약 내용을 정리해둔 부분인데 갑자기 변동이 생겨서 조금 당황스러웠다. 집주인이 말했다.

"아니, 저희도 이사 갈 집 계약할 때 그날(내가 잔금을 치르기로 한 날) 잔금을 치르기로 했어요. 같은 날로 해주세요."

보통 전 집주인의 새집에 대한 잔금 일정은 나의 잔금 일정에도 영향을 미친다. 집주인이 남편과 확인을 해보시라며 소장님께 전화를 넘겼다. 다행히 남편 되는 분이 상황 설명을 들으시고는 "네, 그렇게(매도인이 전세 잔금을 받고 내가 며칠 후에 매매 잔금을 치르게) 해주시면 됩니다"라고 하셨다. 결론이 간단하게 나서 다행이었다. 그래서 원래대로 전세자금대출을 거친 전세 잔금이 매도인인 집주인 계좌로 들어가고 4일 뒤에 매매 잔금을 치르는 것으로 계약서를 작성했다. 실질적으로 내가 치르는 잔금은 계약금 제외 1,500만 원 수준이었다. 나는 전세 승계에 관한 내용이 특약 사항에 분명히 기재된 계약서를 잘 쓰고 그 자리에서 가

계약금을 제외한 나머지 계약금을 부치고 영수증을 받았다.

"저희 그 집에서 좋은 일만 있었어요. 잘 사신 거예요."

더 좋은 아파트로 간다는 전 집주인이 이렇게 이야기를 해주니 나도 기분이 좋았다. 곧바로 80만 원 정도의 부동산 중개 수수료도 이체했다. 매매 계약서와 전세 계약서 사본, 건축물대장 서류와 계약금 영수증을 받아 들고, 다음에 준비해올 서류 목록을 적은 것을 받아 집으로 돌아갔다.

자금 조달 출처는 '월급'과 '빚' 그리고 '전세금'

■■■ 며칠 후 부동산에서 전화가 왔다. 투기과열지구에 집을 구매할 때는 자금 조달 계획서를 작성해야 하니 필요한 자료를 갖춰 달라는 것이었다. 이를테면 계약금으로 일부를 지불했으며, 전세금이 매수인인 나의 통장으로 들어갈 것이고, 예금 통장에 근로 소득을 통해 누적된 잔고가 이만큼 있다는 것을 증명해야 하는 것이다. 한 마디로 '네가 무슨 돈이 있어서 이 집을 살 수 있는 거지?'라는 의문에 대해 답을 하고 증명하라는 것이었다.

원래는 투기과열지구나 조정대상지역이라도 3억 원 이상 주택에 대해서만 자금 조달 계획서를 작성하면 되었는데, 법이 개정돼 주택가액과 무관하게 자금 조달 계획서를 작성하는 것으로 바뀐 상태였다. 그런데 평범한 직장인에게 별다른 자금 출처랄 게 있나? 근로 소득(월급)과 대출(빚) 그리고 전세금이 다지.

세상은 부동산에 대해 엄격한 잣대를 들이민다. 사실 부동산뿐 아니라 자본 및 거기서 파생되는 자본 소득에 대해 무척이나 엄격하다. 따라서 가벼운 금전 거래라고 생각되는 것들도 다시 확인하고 출처를 밝힐 수 있는 한 모두 명확하게 밝혀야 한다. 엄마는 나에게 항상 100만 원 이상의 돈이 오가는 것은 메모를 남기라고 가르쳤다. 나중에 내가 어떤 사람이 될지, 어떤 투자를 할지 알 수 없지만, 자금의 투명성은 언제 어떻게 요구될지 모르는 것이기 때문이라고 했다. 일반 직장인 수준에서 못 살 정도의 가격이 아니더라도 조정대상지역에 들어가면 자금 출처를 밝혀야 하는 이 상황처럼, 금전 거래를 가벼이 넘겨서는 안 된다는 생각이 들었다.

자금 조달 계획서를 쓰다 보니 새삼스럽게 내가 3천만 원을 갖고 1억 7천만 원짜리 집을 샀다는 게 신기했다. 그 사실 때문에 많은 생각이 들었다. 그동안 부동산 공부를 하면서 나 스스로에게 자본주의에 대해 억울하다고 생각할 것이 아니라 거기에 적응하고 나를 위해 이용할 생각을 가져야 한다고 세뇌하곤 했는데, 막상 실제로 겪어보니 얼떨떨했다.

'내가 그 유명한 갭 구매를 했어? 기똥차네?'

그 다음부터는 생각 회로가 빠르게 돌아가다 못해 타들어 갔다.

'분명 내 집을 샀는데, 이게 결과가 아니라 과정이네? 이제 시작이네?'

'그러니까, 다른 집 하나를 팔고, 이 집에다 주택담보대출을 받고, 몇천만 원이라도 빡세게 모아야만 전세금을 내주는 게 가능하지? 2년 후에는 내가 이 집에 들어올 수 있나? 설마 4년 후에 들어와야 하나?'

'이 집에 들어가는 것만이 답인가? 만약에 이 집의 가격이 제자리고 좀 더 좋은 집 가격은 내려가면 이 집을 팔고 다른 집으로 넘어갈 수 있나?'

'아, 아니야. 너무 멀리 갔어. 돌아와 봐. 그럼 2년에 얼마를 모아야 하지? 1년으로 쪼개면 얼마를 모아야 하지? 그러면 다달이 생활비는 얼마를 써야 하지? 아, 좀 빠듯한데 주식이나 코인을 한번 노려봐야 하나? 아니지, 잃을 수도 있잖아. 포트폴리오를 도대체 어떻게 하면 좋을까?'

한번 시작된 고민은 멈출 줄을 몰랐다.

어찌 됐건 이제 잔금만 치르면 되겠다고 생각했는데, 부동산에서 또 전화가 왔다. 전세 세입자가 대출을 신청하는데, 은행에서 전세를 승계하는 상황이라면 새로운 집주인에게 전세금이 들어가게 하는 게 좋겠다고, 나를 임대인으로 전세자금대출을 실행하겠다는 것이었다. 그래서 계약서를 새로 작성했으면 하는데 괜찮겠냐는 연락이었고, 계약서를 다시 쓰기 위해 부동산을 방문해달라고 했다. 내가 전세 세입자와 은행의 편의를 위해 인천에 다시 가야 하는 상황이었다. 어쩔 수 없이 금쪽같은 반차를 쓰고 서울에 머무르고 있던 엄마와 함께 인천에 갔다.

약속 시간이었던 오전 10시 30분, 부동산에 도착했다. 나는 전세를 끼고 아파트를 구매하는 것이었기 때문에 매매 계약서와 전세 계약서 2개를 모두 써야 했다. 이미 쓴 적 있는 계약서를 무효화하고 다시 쓰는 것이므로 헷갈린 것은 없는지, 계약상의 문제는 없는지 꼼꼼히 확인해야 했고, 계약금과 잔금이 잘 오갔는지 확인하는 영수증을 꼭 챙겨야 했다. 전세 계약서를 새로 쓰고, 전세자금대출이 실행되는 당일에 매매 잔금까지 치르는 것으로 매매 계약서도 새로 작성했다. 전세자금대출이 가능한지는 미리 알 수 있다고 했고, 전세 세입자가 전 집주인에게 지급한 전세 계약금에 대한 영수증은 '매수자와 전세 계약에 따른 전세금 중 계약금으로 인정함'이라는 메모를 추가해, 나와 집주인 그리고 전세 세입자 3명의 도장을 찍었다. 등기부 등본에서 근저당권 설정이 깨끗이 말소된 것도 확인했다. 이는 어쩌면 가장 중요한 과정이었다. 내 재산이 될 집에 남의 이름으로 된 빚이 남아있으면 안 되니까.

이어 취득세와 등기에 관한 법무 비용 등은 집값의 1.5% 수준으로 생각하면 된다며, 300만 원을 준비하라는 이야기를 듣고 서울로 돌아왔다. 집값이나 주택 소유 수 등에 따라 취득세율이 달라지는데, 이 아파트는 값이 싸서 300만 원이지, 비싼 집을 살 때는 취득세와 제반 비용으로 1천만 원에서 2천만 원이 넘는 돈을 준비해야겠구나 하는 생각이 들어 입이 쩍 벌어졌다.

며칠 뒤에는 아파트에 대한 소유권 이전을 맡아줄 법무사 사무장님이 연락을 해서 등기에 필요한 서류를 알려줬다. 이제 금쪽같은 반차는 잔금일에 딱 한 번만 더 쓰면 됐다.

계약서를 다시 쓰러 인천에 가던 날, 엄마도 같이 가는 거라 택시를 타려 했는데, 엄마가 몇 년 후에 입주하면 내가 어떤 출퇴근길을 다니게 되는 건지 확인해봐야겠다며 지하철을 타자고 했다. 계약서를 다 쓰고 서울로 돌아가는 지하철 안에서 엄마는 왠지 생각이 많아 보였다. 서울에서 인천까지 왔다 갔다 해보더니, 노원 아파트를 권하며 몸테크를 감수해야 한다고 잔소리하던 엄마의 마음에 변화가 생긴 것 같았다. 서울은 웬만하면 다들 1시간 넘게 지하철을 타고 출퇴근한다고 듣긴 했지만, 엄마가 막상 해보니 다들 어떻게 몸테크를 하는 건지는 몰라도 너무 힘들어 보였던 것이다. 나는 오히려 내 집을 사고 나니 '멀어도 내 집!' 하면서 몸테크를 감수할 준비가 돼있었는데 말이다.

엄마는 우선은 집을 하나 사놨으니 안심은 되지만, 혹시 모르니까 그 집에 안 들어가고 다른 집을 살 수도 있다는 생각을 해야겠다고 말했다. 나는 양도세 걱정이 먼저 들었지만, 엄마가 양도세는 차익에 대해서 내는 것이니 그때 가서 생각해보면 된다고 했다. 그 말을 들으니 또 흥미가 생겼다. 지금은 들어가 살 수 있는 집이 있으니 다행인 거고, 그렇지 않을 경우의 새로운 가능성을 생각하는 것도 재밌을 것 같았다.

사실 소장님께 추가로 더 여쭤봤던 중요한 사안이 있었다. 바로 아파트의 가격이었다. 이 아파트는 왜 이렇게 가격 변동이 없었던 건지 물어봤다. 가격이 싼 것도 수상했다. 내가 사게 된 아파트의 현재 가격은 지방 소도시에 있다는 나의 첫 집과 마찬가지로 10년 전 가격과 현재의 가격이 거의 같았던 것이다. 올랐다가 떨어진 것도 아니고, 변동성 없이 거의 비슷한 수준을 유지해왔다. 아파트의 가격이 다른 동네에 비해 낮다는 것은 앞으로 상승의 여력이 있다고 해석할 수도 있다지만, 이 집의 경우에는 안 오른 이유가 있다고 보는 것이 더 맞는 듯해서 그 이유를 물어볼 수밖에 없었다.

"멀쩡한 집이 왜 이렇게 싼 거죠?"

소장님은 십몇 년 전에 한번 이 아파트가 있는 블록 전체가 크게 묶여서 개발될 뻔한 적이 있었는데, 그게 무산되면서 블록의 모든 집이나 건물이 개별적으로 지어졌다고 했다. 그러다 보니 이해관계자가 많아지고 개발하기가 어려운 분위기가 되면서, 가격 변동이 없었다는 것이었다. 그럼 앞으로도 오르기 어려운 거냐고 여쭤보니 아무래도 다른 곳보다는 덜 오를 수 있다고 솔직하게 알려주셨다.

나는 최상의 시나리오를 생각하는 것도 좋아하지만 최악의 시나리오를 생각하는 것도 좋아한다. '집값이 반토막 날 수도 있다', '내 아파트만 빼고 다 오를 수도 있다', '그럼에도 불구하고 살 만한 이유는 무엇인가?', '이 집에 평생 산다고 해도 구매할 수 있는가?' 등을 생각해본다. 최악의 경우를 가정하면 미리 준비를 할 수 있고, 마음을 다스릴 수 있으며, 무리하지 않을 수 있기 때문이다. 소장님의 말을 듣고 집값이 내려갈 때는 방어가 가능할지 몰라도, 부동산 상승 추세에 내 집은 안 오를 수도 있겠다는 생각이 들었다. 부동산 시장에는 부침이 늘 있었고 앞으로도 그렇겠지만, 만약에 끊임없이 집값이 오르는데 내 집만 그대로인 최악의 경우엔 여차하면 평생을 여기에서 살겠다는 각오도 했다.

이 집의 유일한 단점은 회사에서 조금 멀다는 것인데, 냉정하게 생각하면 그것은 어쩔 수 없는 문제였다. 서울에 더 가까워질수록 집값은 비싸지니까! 이 집은 회사와의 거리와 시세 차익의 측면 이외에는 만족스러운 곳이었다. 역에서 가깝고 조금만 나가면 번화가에, 주변 건물이 경관을 해치지 않으면서 방이 3개인 아늑한 곳이었다. 서울 서부나 인천 내에서는 주요 지역으로의 접근성도 확보된 곳이었다. 지금 소득 수준에서는 1억 7천만 원 정도면 만족스러운 가격이었다. 거래가 잘 안되는 곳도 아니고 GTX의 수혜와 완전히 동떨어진 곳은 아니니, 실거래가가 올라가진 않더라도 최소 전·월세가 잘 나갈 거라는 믿음도 있었다.

나는 감당할 수 있는 수준에서 집을 사는 것이 아무것도 하지 않는 것보다는 유리한 행동이라고 항상 생각해왔다. 또한 거래 과정을 통해 배운 것들이 분명 존재하기 때문에, 집값이 오르지 않아도 배움에 대한 비용이 나갔다고 여길 수 있는 침착함을 갖추고자 했다. 지금도 마찬가지다. 물론 나도 사람이다 보니, 다른 지역의 집값이 많이 오른 걸 보면 좋은 집으로 가기 위해 걸리는 시간이 그만큼 더 늘어나는 거니까 마음이 아프겠지만, 어쨌든 중요한 사실은 나는 지금 내 수준에서 최선의 행동을 했다는 것이다.

부동산 소장님도 힘을 주셨다. "어린 나이에 집을 두 채나 사 보신 거잖아요. 분명 좋은 경험이에요. 남들은 평생에 한 번도 못 하는 사람도 많아요. 집값은 어떻게 될지 아무도 몰라요. 다만, 이렇게 어릴 때 경험을 해보셨으니 그렇게 점점 한 단계 한 단계 올라가면 되는 거예요"라고.

부동산 거래 과정에서 놓칠 수 있는 의외의 것들

■■■ 드디어 잔금일이 밝았다. 잔금을 치르려고 부동산에 전세 세입자, 매도인인 전 집주인, 매수인인 나, 사무장님, 중개 소장님이 모두 모였다. 수월하게 진행되는가 싶더니, 사무장님이 전 집주인에게, "인감도장이 이게 아닌데요?"라고 했다. 집주인이 남편의 인감도장을 잘못 갖고 온 것이었다. 인감 증명서에는 한글 인감이 찍혀 있었는데, 가져온 인감도장은 한문으로 돼있었다. 전 집주인은 당황하며, "어, 이미 이삿짐을 다 싸버렸는데?" 라고 말하고는 딸에게 전화를 했다. 다행히 부동산과 집이 가까워서 직접 찾으러 갈 수 있는 상황이었다.

집주인이 인감도장을 찾으러 간 동안 나도 바보 같은 행동을 한 것을 수습해야 했다. 가족관계증명서에는 '일반'과 '상세' 두 종류가 있는데, 사무장님이 보내준 문자에 가족관계증명서라고 돼있는 것만 보고 상세가 아닌 일반으로 뽑아갔던 것이다. 심지어 당일 아침에 '철저하게 준비해야지'라고 생각하며 주민등록 등본은 초본도 뽑고, 주민등록번호가 있는 것, 없는 것을 다 출력했는데, 정작 필요한 건 제대로 안 뽑은 꼴이라니. 부동산 근처에 있는 주민센터에 가서 다시 가족관계증명서를 발급받았다. 덕분에 부동산 거래를 할 때는 웬만하면 '가족관계증명서(상세)'를 준비하면 된다는 걸 알 수 있었다. 뭐 그런 하찮은 실수를 하겠나 싶었는데, 내가 그런 실수를 한 사람이었다. 정말이지 끝까지 긴장의 끈을 놓쳐선 안 된다.

도장도 잘 찾아왔고, 서류도 완벽하게 준비됐다. 이제 동그란 테이블에 모여 앉아 돈을 주고받으면 모든 게 끝난다. 나는 모바일 뱅킹 일일 이체 한도를 1억 원에서 5억 원으로 올리고 대기했다. 계약금(나와 전 집주인 사이의 매매 계약에 대한 계약금)을 제외한 잔금 1,500만 원을 준비해 두었고, 전세금은 1억 4천만 원이었는데, 전세 계약금(세입자와 집주인 사이의 전세 계약에 대한 계약금) 이었던 700만 원은 이미 집주인의 계좌로 들어가 있는 상태였다. 10시 반쯤 전세 세입자가 신청한 전세자금대출 8천만 원이 입금되었고, 전세 세입자가 추가로 나에게 5,300만 원을 본인의 계좌에서 이체해줬다. 나는 계약금을 제외한 전세금 잔금에 해당하는 1억 3,300만 원을 먼저 집주인에게 이체하고, 매매의 잔금인 1,500만 원을 이체했다. 찰나였지만 통장에 1억 원이 있는 모습은 처음이라 '언제 내 통장에 1억 원을 찍어보겠어?' 싶은 신기한 마음에 캡처도 해뒀다. 이어 취득세와 법무 비용으로 260만 원 정도를 법무사 계좌로 이체하고, 아파트 선수금✦ 12만 원을 집주인에게 이체했다.

'우와, 1억이 통장을 스쳐 간다!'

통장이 탈탈 털렸다. 말 그대로 1억 원은 그저 통장을 스쳐 갈 뿐이었다. 대한민국 땅에 내 집이 두 채가 있는데 '집이 진짜 있긴 한 거지?' 싶은 우스꽝스러운 생각이 들기도 하고, 언젠가 내가 들어가 살 수 있는 내 집이 생겨서 든든하다는 생각도 들었다.

소유권 이전 등기가 완료되면 등기 권리증은 회사로 받기로 하고, 관련 비용에 관한 영수증을 받았다. 전 집주인과 전세 세입자와는 적당한 덕담을 주고받은 후 서울로 돌아왔다. 이로써 이 아파트와 관련한 모든 거래 과정이 끝난 줄 알았지만, 이대로 끝

✦ 아파트 선수금은 입주 전에 아파트를 관리하고 관리비의 체납을 막기 위해 미리 확보해두는 관리비다. 매도인이 관리실에서 선수금을 받아 나가고, 매수인이 관리실에 선수금을 내는 것이 원칙이지만, 절차를 간단히 하려고 매수인이 매도인에게 바로 선수금을 주는 경우가 대부분이다.

난다면 그 유명한 말이 왜 있겠나 싶다. 과연 '끝날 때까지 끝난 게 아니'었다. 이제 부동산 소장님께 여쭤봤던 매도인의 하자 담보 책임에 대한 떡밥을 회수할 시간이다.

계약 이후 집의 상태에 관한 연락을 두 번 받았다. 첫 번째는 전세 세입자로부터 문자가 왔다. 전 집주인과 약속한 대로 발코니의 데크와 아이 방의 침대를 들어내고 나니 발코니의 타일이 지저분하게 돼있고, 아이 방의 침대 밑은 장판이 도려내져 있는 상태라고 전해왔다.

본인은 그냥 쓰면 되는데, 새 집주인인 내가 전 집주인과 상의를 해봐야 하지 않겠냐는 것이었다. 부동산 소장님께 전화를 했다. 소장님께서 전 집주인과 이야기하고서 내가 추가 비용을 부담하는 것은 없다는 결론이 났다. 전세를 승계하는 조건으로 이루어진 계약이었기 때문에 전 집주인이 집의 기능을 다 하지 못하는 상태를 원상 복구하고, 장판은 기능상의 문제가 있는 것은 아니므로 전세 세입자가 그대로 쓰는 것으로 합의했다.

전 집주인한테도 전화가 왔다. 전 집주인은 발코니에 데크를 설치해서 썼는데, 이사를 하며 데크를 철거하고 보니 문에 하자가 있다는 거였다. 자기는 크게 신경 쓰지 않았지만, 잘못하면 사람이 다칠 수도 있으니 새로운 집주인이 고치는 게 맞겠다고 했다. 이런 부분을 다 반영해서 집을 싸게 판 거라는 얘기도 덧붙였다. 이건 무슨 말인가 싶었지만, 나 혼자 결정할 건은 아니다 싶었고, 엄마가 나 없이 가계약을 했을 당시에 이에 관해 들은 이야기가 있나 싶어서 엄마에게 이 내용을 전달하는 겸, 좀 더 알아보기로 했다. 나는 엄마의 번호를 남겨드릴 테니 (가계약을 진행했던) 엄마와 상의해보는 게 좋을 듯하다고 요청했다.

"아니, 제가 이걸 또 길게 설명해야 하나요?"

전 집주인의 목소리에 짜증이 묻어났다. 예전 같으면 상대의 말에서 부정적인 뉘앙스를 캐치하고서 나도 모르게 깨갱거렸을 텐데, 한동안 부동산깨나 다니며 나도 이제는 세상 물정을 좀 알게 됐다. 그리고 이건 내 잘못도 없고, 명확하게 해야 하는 문제이기 때문에 어쩔 수 없이 단호하게 이야기했다.

"네, 부탁드리겠습니다."

퇴근 후, 며칠 전에 본가로 간 엄마한테 어떻게 되었나 전화했더니, 엄마는 잔뜩 화가 난 상태였다. 전 집주인과 싸웠다고 했다. 집주인은 문이 고장 난 것을 계약하고 잔금을 치를 때까지 언급하지 않다가 이제 와서 문제가 드러나니, 집을 싸게 샀으니 된 거 아니냐며 되레 화를 냈다고 했다. 거기다 가만히 앉아서 돈 번 줄 알라면서 큰소리를 쳤단다. 이럴 줄 알았으면 더 비싸게 팔 걸 그랬다는 말도 덧붙였다니 기가 찰 노릇이었다.

짜증이 났다. 사실 문짝을 교체하는 건 큰일이 아니다. 문이야 수리 비용 조금 들이면 충분히 교체할 수 있다. 그보다는 지금까지 아무 말이 없다가 잔금 치르고 나니 당연하다는 듯 새로운 집주인이 고쳐야 하는 거 아니냐며, 가만히 앉아서 돈 버신 거라고 소리를 지르는 전 집주인의 태도에 화가 났다. 내가 월세를 주고 있는 아파트는 인테리어를 깔끔하게 해서 세입자도 좋아할 만큼 상태가 좋은 편이었고, 지금 사는 월세방은 회사와 가깝고 넓어서 좋긴 하지만 상당히 낡은 편이라, 엄마와 내가 직접 콘센트도 교체하고 곰팡이도 없애는 등 상식적인 선에서 알아서 방법을 찾고 문제를 해결했다. 그런 상황에서 내가 매수한 아파트는 사전에 공유되지 않은 하자에 대해 전 집주인이 '집 싸게 샀으니, 네가 알아서 손봐라'라는 식으로 나오니 짜증 날 수밖에.

결국 전 집주인(의 남편)이 고쳐주겠다고 해서 상황은 일단락됐다. 차분하신 소장님이 중간에서 잘 설명해주신 덕분이었다. 그렇게 거래가 진짜로 마무리됐다. 잠시 기분 상할 일이 있었지만, 이 정도면 큰일 없이 거래를 마쳤다고 생각한다. 게다가 앞으로 책임 범위에 대한 것은 계약 시에 명확하게 짚고 넘어가야겠다는 교훈을 얻었다 치면 나쁜 것도 없었다. 물론, 가장 좋은 것은 내가 신경을 쓰기 전에 모든 것을 챙겨주고 짚어주는 좋은 공인중개사를 만나는 것이다. 이번 소장님은 그래도 신경을 써서 잘 챙겨주신 편이었다. 하지만 나 역시 부동산 거래 과정에 있어서 어느 정도는 잘 알고 대응하는 것이 아무래도 권리를 챙기기에 수월하겠다는 생각이 들었다. 인생을 살아갈수록, 세상의 질서를 알아갈수록 깨닫게 되는 것들이 여전히 많이 있는 듯하다.

며칠 뒤 법률 사무소에서 소유권 이전이 완료됐다는 등기가 날아왔다. 그렇게 나는 내 소유의 집 두 채를 가진 2주택자가 됐다.

5장

부린이는
부른이로 성장 중

부린이의 경험치가 +100 상승했습니다!

▪▪▪ 불과 몇 달 전까지만 해도 내가 2주택자가 될 줄은 몰랐다. 어렴풋이 '최대한 집을 빨리 사야지' 하며 시세를 알아보기도 하고, 부동산에 관한 영상이나 책을 찾아보곤 했지만, 이렇게 빨리 실행에 옮길 수 있을 거라고 생각하지 못했던 것이다. 그랬던 내가 '어, 어' 하다가 만 26세에 2주택자가 되다니!

지금 내가 소유하고 있는 집들은 투자로서의 가치가 그리 높은 편도 아니고, 두 채를 합친 가격이 2억 5천만 원 수준인 데다가, 갚아야 할 대출과 내줘야 할 보증금을 합치면 2억 원이 넘는 빚이 있다. 그래도 이렇게 집을 사본 것이 큰 의미가 있음은 분명하다. 지금 집을 사보지 않고 나중에 덜컥 수억 원짜리 집을 사려고 했다면, 용기를 내기가 더욱 쉽지 않았을지도 모르니까.

내 집 마련은 많은 이들이 간절히 바라며 마음속에 품고 있는 과제지만, 그만큼 쉽지 않은 일이기도 하다. 나는 어렸을 때부터 집을 사야 한다고 생각해왔지만, 막상 경제활동을 시작하고 나서는 어디에서부터 시작해야 하고 무엇을 어떻게 공부해야 할지 몰라서 답답했다. 무슨 책을 읽어야 할지, 어떤 검색어를 입력해야 할지도 도통 감을 잡을 수 없었다. 저만치 앞서 나가 있는 부동산 투자자들은 "아무거나 읽어라, 닥치는 대로 봐라" 등의 조언을 하곤 했지만, 나는 그런 사람들의 수준에는 한참 못 미칠 모양인지, 전문화돼 있는 설명을 알아듣기가 어려웠고 그러다 보니 점차 흥미도 잃어갔다. 투자와 내 집 마련에 대한 미련만 커지고 정작 실천하는 것은 없어 나 자신에게 실망스럽기만 했다. 한동안 지루한 공부를 희미하게 이어가는 날이 계속됐다.

그러다가 6,500만 원짜리 소형 아파트를 하나 사보니 내가 뭘 알아봐야 하는지, 어디에 어떤 신경을 써야 하는지가 와닿기 시작했다. 아이러니하게도 실제로 집을 산 것이 부동산 공부에 불을 지핀 것이다. 집을 사보니 거기에서 느끼는 것이 확실히 있었다. 물론 사전 지식이나 구체적인 계획 없이 아무 집이나 질러버리는 것은 지양해야겠지만, 집을 직접 사는 것만큼 강력한 동기부여는 없었다. '한 채라도 사서 다행이다' 싶으면서도 '얼른 더 좋은 집으로 가야지'라는 안정감에 기반한 희망이 생겨서 더 열심히 공부하게 됐다. 부동산 구매라는 것이 마냥 무서운 게 아니라 충분히 해볼 만한 것, 할 수 있는 것이라는 생각도 들었다.

그전에는 내가 지금 당장 집을 살 금전적인 여유가 있지 않은 상황에서 미리 알아보면 뭐 하나 싶은 마음이 들었는데, 집을 사고 나니 생각이 달라졌다. 집에 대해 막연하게 생각해왔기 때문에 뉴스나 기사에서 보는 수억, 수십억이라는 숫자에 매여있었던 것이지, 실제로 알아보면 내 수준에서도 구매가 가능한 집이 있었다. 직장인이라는 신분에서 대출을 잘 활용하면 소형 아파트 정도는 살 수 있다는 것도 알게 됐다. 그 과정에서 어떤 걸 신경 쓰면 되는지, 사전에 무엇을 알아보고 사후에 무엇을 챙겨야 하는지도 알 수 있었다. 공부의 실마리가 생긴 것이다.

집을 사기 전에 이미 봤던 영상도 다시 보니 새롭게 보였다. 예전과는 다르게 뭔가 이해가 되는 느낌이었다. 예전에는 눈으로 보고 귀로 듣기만 했다면, 이제는 뇌에 저장이 되는 느낌이랄까? 남의 사연을 듣는 것도 재밌었다. '나라면 이렇게 할 거 같은데?', '오, 이 사람은 내 경우랑 비슷하네', '이 동네를 지도에서 한번 찾아볼까?', '서울치고는 가격대가 괜찮은 편이네. 다음은 여기를 노릴 수 있을까?', '실거래가를 한번 볼까?' 등 할 수 있는 생각이나 행동이 다양해졌다. 금리, 대출, 규제 현황 등 어렵기만 했던 것들에도 마음이 조금은 열렸다. 여러 조건에 따라 다양한 가능성을 열어두고 생각하게 되는 게 신기하고 재미있었다.

인천에 집을 사고 나니 인천의 집값 추이에 관심이 가고, 관련 기사가 보이면 귀찮아도 괜히 마음에 걸려서 클릭하게 됐다. 수도권에 집을 사고 2주택자가 된 것이니 투기과열지구 관련 규제를 설명하는 내용에도 시선이 간다. 물론, 내 상황에 딱 알맞은 것들만 찾아보는 것은 아니다. 인천은 수도권이라는 큰 카테고리에 들어가기도 하고, 수도권에는 신도시도 생긴다고 하고, 또 GTX가 큰 이슈이기도 하니 관련된 여러 기사나 영상을 보게 된다. 서점에 가서는 '아파트', '부동산' 등의 키워드를 제목으로 하는 책들이 먼저 눈에 들어온다. 귀찮아하면서도 내 이야기가 될지도 모르니 슬쩍 들춰보다가 유익한 내용이다 싶으면 사서 읽어 본다. 부동산 공부가 본격적으로 내 일이 된 것이다.

물론 집을 산 모든 사람이 나와 같은 생각을 하는 것은 아니다. 집을 사기 전 사람들의 생각이 다 다르듯, 집을 산 이후의 생각과 행동도 사람마다 다르다. 친한 동료 중 한 명은 결혼을 하면서 집을 사게 되었는데, 집을 사는 과정이 너무 힘들고 어려워서 그런 일은 다시는 겪고 싶지 않다고 했다. 그에게는 집을 알아보러 다니고, 계약하고, 잔금을 치르고, 날짜 맞추는 것 하나하나가 다 스트레스였던 것이다. 그래서 지금 사는 집이 생애 마지막 집일 거라고 생각하고 있다고 했다. 월급으로 빚을 갚아야 하니 회사 일을 열심히 하고 집에 가면 공부를 하는 데 쓸 체력도, 애정도 남아있지 않다고 했다.

하지만 나는 집을 산 후 더 좋은 집을 꿈꾸게 됐다. 이후의 목표는 간단하다. 지금 가진 집보다 좋은 집으로 가는 것이다. 집이 없는 상태에서는 집을 사는 것이 목표였고, 집을 사고 나니 지금 집보다 나은 곳으로 가자는 목표를 세우게 됐다. 꼭 미래에 대해서만 긍정 회로를 돌리는 것은 아니다. 당장 오늘, 현재에도 내 집이 있다는 사실이 든든하고 좋다. 내 집이 주는 안정감이라는 말을 충분히 이해하게 됐다.

그때부터 월셋집, 전셋집에 대한 시각도 달라졌다. 내가 살고 있는 월셋집은 현금 흐름을 잡아먹는 존재가 아니라 내가 지금 더 즐겁게 살고, 더 많이 깨닫고, 더 좋은 다음을 준비할 수 있는 경험을 제공해주는 곳이 됐다. 물론 돈이 많이 드는 것은 사실이다. 그러나 월세나 전세는 다음 세입자를 구해주고 제반 비용을 부담하면 계약일을 다 채우지 않아도 중간에 나올 수가 있다. 그러나 집을 사는 것은 다르다. 집은 살아보고 사는 것이 아님에도 불구하고 한번 사게 되면 취득과 처분에 세금이나 제반 비용이 많이 든다. 다뤄야 하는 돈의 규모는 억 단위를 오간다. 따라서 남의 집에 살면서 집에 대한 이런저런 생각을 해보는 것은 가성비가 꽤 좋은 수업이라는 생각이 들었다. 대신 효용을 얼마나 뽑아내느냐는 전적으로 나에게 달려 있다. 그렇기 때문에 오늘 남의 집에 머무는 시간을 나의 좋은 집을 위한 의미 있는 시간으로 만들기 위해 나는 앞으로도 계속 노력할 것이다.

그래서 집값이 올랐냐고요?

▪▪▪ 회사 동료에게 지방에 월세를 받고 있는 아파트 한 채, 인천에 전세를 준 아파트 한 채를 갖고 있다고 하면 "오늘 치킨은 네가 사는 거지? 내가 잘 아는데 인천에 그때 집 샀으면 지금 2억 원은 뛰었어!"라고 한다. 유감스럽게도 실제로 그렇지는 않다(나의 부동산 현황에 대해 동료에게는 어쩔 수 없이 말하게 됐지만, 아무리 생각해도 괜히 말한 것 같다). 물론 지역을 둘러싼 분위기 덕에 호가가 조금 오르긴 했다. 올랐다고 하더라도 마냥 좋은 일은 아니다. 여기에는 2가지 이유가 있다.

첫째, 내 집이 오르는 것보다 다른 집이 오르는 폭이 더 크기 때문이다. 내 집이 5천만 원 오르면 남의 집은 1억 원 오른다. 내 집의 집값이 올라서 다른 집으로 넘어가려고 하면 다른 집은 더 멀리 가 있는 것이다. 거기에다 세금이다 뭐다 하면서 즉시 손실이 확정돼 버리는 거래 비용도 만만치 않다. 특히 나는 규제 지역에 집을 산 것이기 때문에 보유 기간이나 거주 기간이 충족되지 않으면 양도 시에 내야 할 세금이 60% 이상으로 올라간다. 기적적으로 1억 원이 올랐다고 해도 6천만 원을 세금으로 내야 한다는 것이다.

둘째, 상승장에서 멱살 잡혀 끌려가듯 급격히 올라간 가격은 하락장에서도 먼저 떨어질 위험이 있다. 내 집은 2억 원이 채 안 되는, 수도권에 있을까 싶은, 몇 년 동안 가격이 정체돼 있던 저렴한 집이다. 그런 집의 가격이 올라갔다는 것은 이미 오를 것들은 다 오르고 얘만 남아서 얘도 어쩔 수 없이 같이 올라갔다는 것을 의미한다. 오른 가격도 워낙 저렴한 편이기 때문에 하락장에서도 어느 정도는 방어할 수 있을지도 모른다는 가설도 세웠지만, 이익이나 손실을 확정할 때까지는 보수적으로 계산해야 한다고 생각하고 있다.

나는 일단 집을 사서 다행이라는 생각이 크다. 그런데 앞서 말한 이유로, 집을 산 시점에 비해 집값이 올랐다고 마냥 좋지는 않다. 집값이 당장 오르는 게 중요한 게 아니다. 내가 그 집을 언제 처분할 계획을 하고 있는지, 그때의 집값이 얼마인지가 더 중요하다. 사회 초년생일 때 산 집을 평생 갖고 가는 게 아니라면 살면서 두세 번 정도는 내 집을 업그레이드하는 점프의 기회를 가져야 하는데, 내가 갈아타는 시점이 집값이 오른 상태일지는 또 다른 이야기다. 내 집이 오를 정도면 다른 집도 올랐을 것이기 때문에 상승한다고 해도 마냥 안심할 수가 없다. 정말 어렵고도 짜릿한 세계다.

집을 팔 시점에는 집의 가격이 내가 산 가격 수준으로 내려가거나, 그것보다 더 내려갈 수도 있다는 생각도 한다. 그래도 내가 다음으로 가고 싶은 집의 가격이 내려가 있고, 그때까지 착실하게 모아둔 돈도 있을 거라고 생각하면, 내려간다고 해서 나쁠 것도 없다. 어떻게 행동할지를 생각해 놓았으므로 상승이나 하락과 관계없이 어떤 상황에서도 적절히 대응할 수 있다고 믿는다.

부린이의
집값 관찰 일기

내가 집을 샀던 2020~2021년은 명백한 부동산 상승장이었다. 영끌, 패닉바잉이라는 단어가 날마다 기사를 장식했고, 아파트들은 연일 신고가를 경신했다. 내가 이번 상승장에서 꽤 놀랐던 것은 집값이 오를 때는 어마어마하게 모조리 다 오른다는 거다. '상승 여력'이라는 말은 마법의 단어다. 비싼 아파트는 비싼 만큼 가치가 있어 상승 여력이 있다고 하고, 주변 아파트가 이 가격인데 얘가 이 가격밖에 안 되는 게 말이 안 되니 상승 여력이 있다고 하고, 저렴한 아파트들도 비싼 아파트와의 상대적인 갭을 어느 정도 유지할 것이므로 상승 여력이 있다고 한다. 이 개념을 아파트에서 지역으로 넓힐 수도 있다. 강남은 강남대로 집값이 계속 오르는데, 강남이 오르니까 주변 지역도 '우리가 강남이랑 원래 5억 원 정도 차이 났으니까 최소 4억 원은 더 올라야지'라는 식으로 생각하고 그게 실제 거래에 반영되는 현상을 목격할 수 있었다. 그러다 보니 오를 만한 곳은 다 올라서 그동안 안 올랐던 곳도 상승 여력이 있다고 한다. '그래도 강남'인 곳도 올랐고, '그래도 서울'인 곳도 올랐으며, '그래도 강남 출퇴근권'도 올랐다. 그러다가 아파트가 감당할 수 없을 만큼 비싸지니, 부동산 투자 좀 안다는 사람들이 사지 말라고 조언하던 오피스텔과 빌라도 호가가 오르고 시장에 매물은 씨가 말랐다. 이는 뉴스에서만 떠드는 이야기가 아니었다. 주변 사람들이 실제로 경험하고 있는 현실이었다.

지나온 시장의 흐름을 보면 부동산 가격은 장기적으로 상승했다. 그러나 상승뿐만 아니라 하락도 생각해야 한다. 내가 집을 산 시점으로부터 상승장이 이어졌다고 해도, 그것이 '상승! 하라아아아악'인지, '상승상승상승'인지는 아무도 알 수 없다. 전체적인 트렌드 안에서도 등락은 분명히 존재한다. 그 등락 폭이 얼마나 클지는 아무도 알 수 없다. 찾아보면 과거에도 상승장 이후에 집값이 30% 이상 떨어지는 경우가 있었다. 그 유명한 강남의 아파트들도 예외는 아니었다고 하니 집값은 정말 알다가도 모를 부분이다.

매물은 결국 집이고, 집은 결국 매물이다

■■■ 집을 사기 전에는 내 집 마련을 부동산 투자와는 다른 고고한 것으로 생각했다. 하지만 내 집 마련을 위해 계속 공부하고 한 단계 한 단계 실천해보면서, 그 둘은 결국 같은 맥락에 놓여있다는 사실을 깨닫게 됐다. 만약 정말 내 집만 마련하고 싶은 거라면 내 집이 될 집은 너무나도 많다. 공부할 필요도 없다. 그러나 '살기 좋은 집'에 살고 싶은 것이 평범한 사람의 평범한 마음이다. 그 생각은 좋은 집에 대한 수요를 올리고 그 집에 높은 가격을 부여하는 정당성이 된다.

한편, 집은 희소성이 있으며 돈이 많이 드는 재화다. 따라서 내 집 마련과 부동산 투자를 분리할 수 없다. 사람들은 집을 사면서 나중에 집이 팔릴지 팔리지 않을지, 집값이 오를지 내려갈지를 생각한다. 교환 가치를 생각하는 것이다. 그것은 외면하기 어려운 시장의 질서다. 그래서 집은 결국 '매물'로 접근해야 한다. 특히 사회 초년생의 경우 종잣돈이 거의 없고 저축 속도도 더디므로, 현재 자산 수준 내에서 적절한 부동산 투자가 선행돼야 내 집으로 가는 제대로 된 길을 빠르게 찾을 수 있다.

집이 결국 매물이라는 말은 바꿔 말하면 매물은 결국 집이라는 뜻이다. 집에 대한 수요는 집이 제 기능을 제대로 하는가로부터 출발한다. '초품아(초등학교를 품은 아파트)', '인프라', '직주 근접성'이라는 말은 '아이를 키우기 좋은 환경인가', '생활에 필요한 제반 시설이 잘 갖춰진 곳인가', '내 직장으로부터 접근성이 좋은 곳인가' 하는 것을 표현한 또 다른 단어일 뿐이다. 나에게 좋은 집은 누구에게나 좋은 집이 된다. 수요가 있고, 가치가 있다. 결국 부동산 투자를 잘하는 방법은 같은 가격 안에서 가장 조건이 좋은 집을 알아보는 것이라는 결론을 내릴 수 있다.

그렇다면 누구에게나 좋아서 나에게도 좋은 집은 과연 어떤 집일까? 우선 내가 살고 싶은 동네가 어떤 모습일지 생각해봐야 한다. 이때의 동네는 강남, 송파 등 구체적인 지역명을 의미하는 게 아니다. 주변에 뭐가 있으면 좋겠는지, 분위기는 어떠면 좋겠는지 등 집을 사게 되었을 때 내 생활권이 어떤 모습을 하고 있었으면 하는지 그려보며 구체적인 조건을 따져보는 것을 의미한다. 조건을 먼저 생각하기가 어렵다면, 내가 사는 도시에서 사람들이 가장 살고 싶어 하는 동네는 어디인지 생각해보는 방법도 있다. '이런 동네를 사람들이 좋아하더라'가 아니라 '사람들이 좋아하는 동네는 이렇더라'라고 접근을 하는 것이다. 다른 동네에 비해 우수한 그 동네만의 특징이 있다면 그것이 바로 사람들이 선호하는 요소다. 어느 수준까지는 집을 보는 나의 눈과 남의 눈이 크게 다르지 않다. 내가 가치를 높게 매기는 집이 실제 부동산 시장에서도 가치 있게 평가되고 있을 확률이 높다. 누구나 주변에 생활 시설이 잘 돼있고, 편의 시설로부터 가까운 곳, 교통이 좋고 안전하고 밝은 곳에 살고 싶어 하기 때문이다.

한편, 집을 공부하면서 나의 생애 주기와 가족 형태에 대해 고민해보는 과정이 필요하다는 것을 느꼈다. 그래야 안전한 투자를 할 수 있기 때문이다. 나는 지금 20대 1인 가구인데, 앞으로 결혼을 할지, 결혼을 한다고 해도 아기를 낳을지 여부 등이 불투명하다. '앞으로는 1인 가구가 늘어날 거니까 18~24평 정도가 수요가 괜찮겠네'라는 생각도 좋지만, 개인적으로 그래도 아직은 결혼을 하고 아이도 낳는 것을 전제로 내 집 마련을 준비하는 편이 좋은 듯하다. 초등학생, 중학생 자녀를 둔 사람들이 집에 대한 주된 수요를 형성하기 때문이다. 그리고 수요를 생각해야 가치 있는 집을 선택할 수 있다. 어렵지 않다. '저기는 학교도 있고 상가에 학원도 많네? 그러면 옆에 있는 저 아파트 단지에 살면 좋겠구나', '큰 횡단보도를 하나 건너야 학교에 갈 수 있네. 아이가 다니기에 조금 위험하다는 생각이 드는데?' 이 정도를 추가로 생각해보면 된다. 그것 외에 기본적인 것들은 먹고 살기에 좋고, 쾌적하고, 편리하면 된다. '저 아파트는 번듯해 보이긴 하지만 마트에서도 멀고, 공원에서도 멀어서 별로네', '저 아파트는 지하철이나 대로변과 가깝긴 한데 시끄럽지는 않을까?' 등을 생각해보는 것이다.

처음에는 '에이, 나는 모르는 뭔가 다른 게 있지 않겠어?'라고 생각하기도 했다. 그런데 정말 집에 들어가 봐야 아는 것들, 입주민들끼리만 아는 것들을 빼고 집 밖에서 확인할 수 있는 것들은 이 정도면 충분했다. 너무 깊이 생각할 필요는 없다. '나는 모르는 무언가'는 어차피 내가 알 수 없다. 앞으로 알아가면 된다고 생각하고 마음을 편하게 먹으면 된다. 마음을 복잡하게 먹는다고 해서 달라지는 것은 없다. 직접 부딪히고 깨닫는 수밖에.

부린이 탈출 비법

지금은 잠시 내려놓아야 할 내 집의 조건들

어떤 집이 좋은 집인지는 잘 알겠는데, 예산의 제약이 있으므로 모든 조건이 맞는 곳을 찾기는 어렵다. 좋은 것들을 알면서 포기하고 싶지 않은 마음은 모두가 같을 것이다. 그러나 미래의 좋은 집을 위해 지금은 잠시 내려두거나 미뤄두어야 하는 것들은 분명히 있다. 첫술에 배가 부를 순 없는 법이니까. 아직 시간이 많으니 여유를 갖고 내려놓아도 되는 조건들에 우선순위를 매겨 정리해봤다. 아파트를 기준으로 한 내 주관적 견해다.

(잠시 내려놓아도 좋은) 1순위: 직주 근접성

서울 강남이 그렇게나 비싸진 이유, 수도권의 집값이 강남을 중심으로 재편된 이유는 강남으로 출퇴근하는 사람이 많기 때문이다. 그러나 실거주를 목적으로 할 때는 통근 시간의 최대 허용치를 생각해볼 필요가 있다. 이때 직장까지 대중교통을 이용할 때 환승 횟수도 주요한 지표이다. 2시간도 감수할 수 있는지, 적어도 1시간 30분 내로는 들어와야 하는지, 한 번에 가는 버스가 있다면 1시간 45분도 수용 가능한지 등을 생각하는 것이다. 나 역시 직장이 강남에 있다. 그래서 나는 통근 1시간이면 감사한 수준이고, 1시간 40분 안으로만 들어올 수 있어도 눈물을 머금고 감수할 만한 거리라고 생각했다. 환승은 한 번이면 좋지만, 두 번까지는 감내하기로 했다. 어차피 강남 근처의 집은 무진장 비싸므로 언감생심 꿈도 못 꾸고, 1시간 이내에 강남으로 도달할 수 있는 곳 역시 강남만큼 비싸다. 지금 꿈을 못 꾸는 거지 나중에도 못 꾼다는 건 아니니까, 일단 첫 내 집 마련 후보를 선정할 때는 직주 근접성은 어느 정도 포기하기로 결정했다.

문제는 내가 다니는 회사뿐만 아니라 남이 다니는 회사에서도 적당히 거리가 있어야 한다는 것이다. 회사가 많이 모여있는 지역은 어디든지 이미 집값이 높기 때문이다. 주요 업무 지구 중에서도 특히 서울의 3대 업무 지구인 강남, 여의도, 종로로부터 적당히 멀어야 한다. 굳이 나누자면 강남보다는 여의도나 종로로 출퇴근하기 좋은 곳들이 비교적 저렴한 시세를 형성하고 있다. 강남의 남쪽에 있는 분당이 몇 년 전부터 핵심 업무 지구이자 주거 지역으로 떠오르면서 남쪽 동네의 전반적인 가격이 동쪽, 서쪽, 북쪽에 있는 동네의 가격보다 훨씬 비싸졌기 때문이다.

2순위: 대단지 아파트

아파트는 단지가 클수록 좋다는 말이 있듯이, 많은 사람들이 대단지 아파트를 선호한다. 단지가 형성돼 있다는 것은 그만큼 수요가 따른다는 뜻이고, 그러면 나홀로 아파트에 비해 인프라도 좋을 수밖에 없다. 버스도 어느 정도 수요가 형성돼 있는 단지가 있어야 정류소를 세우는 법이고, 식당도 먹으러 올 사람이 있어야 가게가 들어서는 법이다. 보통 대단지에 상가가 형성돼 있는 이유도 마찬가지다. 그리고 세대가 많을수록 아파트 주민이 내는 공동의 비용이 적어지고, 치안도 좋아지기 때문에 사람들은 보통 단지가 형성된 아파트를 선호한다.

단지 아파트가 좋은 이유가 또 하나 있는데, 바로 거래 표본이 많다는 사실이다. 나홀로 아파트에서 거래가 왕성한 경우는 거의 없다. 단지 내 물량이 많을수록 사람들이 관심을 두게 되고 실거래도 빈번하게 일어나며 가격 확인이 쉽기 때문에 환금성의 측면에서도 세대가 많은 아파트가 유리하다. 사실 주택가액을 낮추기 위해 어떤 것부터 내려놓을지를 따질 때는 더 많은 사람이 보편적으로 선호하는 것부터 내려놓으면 된다. 그래서 사람들이 대체로 선호하는 단지가 형성된 아파트로 들어가는 것을 우선으로 미뤄야 한다.

이러한 생각으로 나홀로 아파트를 물색하는 경우 주변에 대단지가 있는 곳이 좋다. 대단지의 인프라를 함께 누릴 수 있기 때문이다. 부동산 앱에 들어가서 나홀로 아파트들의 후기를 보다 보면 "곧 ○○아파트 △△△세대가 들어오니, 향후 가치가 더 높아질 것으로 보여요^^"라는 식의 이야기가 종종 보인다. 대단지가 들어오면 그 일대의 도시 환경이 정비되고 여러 편의 시설이 들어오기 때문에 나홀로 아파트라도 그 수혜를 함께 누릴 수 있다. 대단지가 근처에 없는 경우 중요하게 생각하는 시설이나 상점을 따져보면 된다. 보통 마트나 식당, 병원이 해당되고, 아이가 있는 경우 학교, 학원 정도가 고려 대상이 된다. 그게 아니라면 역에서 도보 거리가 가까운 게 좋다.

3순위: 신축 아파트

사실 우리가 접근할 수 있는 아파트는 대체로 구축이다. 같은 동네에 있어도 입주 연도가 5년 이내인 신축 아파트와 25년 정도 된 구축 아파트의 가격은 확연히 다르다. 당연히 연식이 짧을수록 좋다. 오래된 아파트는 복도식, 신축 아파트는 계단식인 경우가 많다. 단지 규모에 따라 다르지만 오래된 아파트는 지상 주차를 하는 곳이 많고, 신축 아파트는 지하 주차장이 갖춰져 있는 편이다. 아파트마다 상태가 다르겠으나, 오래된 집일수록 녹물이 나오거나 곰팡이가 피거나 바퀴벌레가 나올 확률이 높아지는 것은 사실이다. 15년 이상 된 아파트의 경우 실거주 후기를 꼼꼼히 살펴보고 주변 신축 아파트와의 시세 차이를 확인해보면 좋다.

한편, 구축 아파트는 돈을 들여 리모델링을 하는 방법이 있다. 동네가 오래됐을수록 구축 아파트도 많다. 우리가 잘 아는 대치동의 은마아파트, 압구정 한양아파트는 1979년에 지어졌다. 그런 아파트들은 리모델링을 하지 않고 살기 어렵기 때문에, 인테리어 업체 블로그의 리모델링 사례에도 종종 등장한다. 물론 이 아파트들은 재건축에 대한 기대가 반영돼 수십억 원의 가격을 자랑하므로 적절한 비교 대상은 아니지만, 세상에 구축 아파트는 매우 많고 또한 많은 사람들이 구축 아파트에 살고 있다는 것은 분명한 사실이다. 그러니 신축만을 고집할 필요는 없다.

4순위: 30평대 아파트

넓으면 넓을수록 가격이 올라가는 게 보통이다. 초·중생 아이가 있는 경우 보통 30평대 아파트를 생각하는데, 1인 가구거나 신혼살림을 차리는 경우 첫 집으로 18평이나 24평 정도도 충분하다. 24평도 공간이 잘 나오는 경우 적당한 크기의 거실과 주방 그리고 2개 이상의 방으로 구성되기 때문에 생활하기에 좋다. 가족 형태에 따라 적절하게 넣고 빼면 되는 조건이다. 요즘 24평형 아파트 중에는 방이 3개인 경우도 있어서 가족 구성원이 저마다의 독립된 공간을 가질 수도 있다.

5순위: 역까지의 도보 거리

당연히 역에서 가까우면 출퇴근이나 다른 곳에 갈 때 편리하다. 그렇지만 일단 역 근처에는 생각보다 아파트가 별로 없다. 대신 주상복합이나 오피스텔이 많다. 그리고 수도권 지하철역은 보통 규모가 상당한 ○차선 대로 또는 대로로 구성된 교차로의 지하에 있는 경우가 많다. 그러면 웬만큼 고층이 아니고서야 주변 소음이 심하고 공기도 좋지 않다. 역에서 멀수록 가격은 싼 형국을 띠겠지만, 주관적으로는 도보 15분 이내가 가장 적절한 듯하다. 아파트가 역에서 많이 먼 경우에는 마을버스가 다니는지 확인해보는 것이 좋다.

여기까지는 사실상 고정값으로 내려놓는 것들이고, 후보군이 여러 곳 있을 때 비교해보면 좋을 조건이 몇 가지 더 있다. 크게 거실 발코니 창의 방향과 아파트가 위치한 곳의 경사 정도인데, 물론 적용 순위는 개인마다 차이가 있을 수 있다.

첫째는 방향이다. 이게 무슨 조상님의 슬기 같은 이야기인가 싶지만 아무래도 슬기는 슬기다. 거실과 연결되는 발코니 창을 기준으로 남향인 것이 가장 좋다. 다음은 남동, 남서향이고 그다음이 동향, 서향순이다. 동향과 서향 중에 뭐가 더 좋냐고 물어보면 그건 개인의 취향에 따라 달라지는 것 같다. 내 남자친구는 동향집에 살 때 아침에 햇빛을 받으며 잠에서 깨는 기분이 좋다 했다. 반면, 노을을 보게 되는 서향을 좋아하는 사람도 있다. 한때 인스타그램에 어느 연예인의 집에 대한 감상이 떠돌아다닌 적이 있다. 서향의 집에서 노을을 받는 것이 정남향 한강뷰 아파트에서 사는 것보다 행복하다는 내용이었다. 사실 여기에서는 핀트가 조금 다르다. 멀찍이 한강뷰가 아니라 코앞 한강뷰 집인데 남향이면 물빛에 반사된 해가 무척 뜨겁기 때문이다. 북향은 해가 잘 들지 않으므로 피하는 것이 좋다. 이것도 코앞 한강뷰 북향은 다를 수도 있는데, 예전에 지어진 집들은 주로 거실 발코니는 남향으로 내고, 주방 쪽 발코니나 다른 방 창 너머로 한강이 보이는 구조가 많은 듯하다. 기본적으로 남향이 좋다는 것은 많은 이들이 공유하고 있는 신념이기 때문에, 같은 조건이라면 환금성 측면에서도 남향인 집이 좋다.

둘째는 경사다. 수도권에서 평지 아파트를 구하는 것이 쉽지 않다. 특히 서울은 정말 쉽지 않다. 서울에서 그나마 집값이 (상대적으로) 저렴한 지역은 노원구, 도봉구, 강북구, 관악구, 금천구 정도인데, 대체로 배산임수의 지형을 띠는 서울에서 외곽에 위치해 산이 가까운 지역이다. 서울은 강남대로도 약간의 경사가 있는 편이라 경사가 없는 곳을 찾기가 힘들다. 강남구, 송파구 정도가 경사가 없거나 미미한 편인 듯하고, 나머지의 경우 평지를 구하는 건 사실상 불가능하다고 봐야 한다. 그럼에도 불구하고 경사가 덜한 곳과 심한 곳은 분명히 나뉠 것이므로 여러 매물을 비교하고 있다면 경사가 덜한 곳이 좋다. 매물을 보러 갈 때는 부동산 직원들의 차를 타고 가는 경우가 많아서 경사가 있는 걸 잘 못 느낄 수도 있고, '이쯤이야 운동 삼아서라도 다니지'라고 생각할 수 있다. 그럴 때는 내가 그 집에 살면서 집에 스마트폰을 놓고 나왔다는 걸 알게 된 출근길 아침을 상상해보자. 이 오르막을 다시 뛰어 올라가는 것이 얼마나 버거울까 생각해보는 것이다. 역시 운동은 따로 하는 게 맞다.

이 정도로 조건들을 하나씩 소거해 나가면 처음에 12억 원에서 시작했던 집값이 못해도 5억 원 정도까지는 낮아졌을 거고, 남은 대안 중에서 무엇을 선택할지 나름대로 기준을 만들 수 있을 것이다. 위의 조건들을 내려놓아야 하는 이유는 딱 하나다. 돈은 없지만, 행동은 해야 하기 때문이다(물론 대세 하락장이 오는 경우에는 급히 나설 필요는 없다. 그러나 기회를 봐서 감당할 수 있는 수준으로 집을 구하고 싶은 경우 위의 조건들을 확인해 나가면 적당한 집을 찾을 수 있다).

어째 중간이 없는 듯한 기분이다. 회사와 가까이에 비싼 월세를 주고 남의 집에 살거나, 직장에서 먼 곳에 월급의 반절로 원리금을 갚으며 내 집에 살아야 하는 우리네 인생. 그래도 희망을 버리지 않으면 그 희망을 기어코 찾아내는 날이 올 거라고 생각하며, 오늘도 내가 살 수 있는 집의 후보군을 추려본다.

아껴 쓰는 것도 즐겁다, 내 집이 있으니까

■■■ 내가 두 번째로 구매한 인천의 아파트는 지금 당장은 아니라도 언젠가 실거주를 할 수 있겠다 생각하고 산 집이다. 나는 전세를 끼고 집을 구매했기 때문에 내 집에 들어가려면 세입자에게 돌려줄 전세금을 마련해줘야 한다. 전세금 1억 4천만 원을 2년(계약 연장 시 4년) 안에 준비해야 하는 것이다. 저축만으로 가능한 구조는 아니다. 대출에 월세 보증금을 보태 지방의 소형 아파트를 정리하고, 저축과 투자를 통해 1억 4천만 원을 만들어야 한다.

저축하기

대출은 그렇다 치고, 저축에 관해서 이야기를 해보자면 집을 사고서 느낀 것 중의 하나는 생각보다 저축이 잘 된다는 것이다. 아껴 쓰는 게 꽤 재밌는 일상의 미션이 됐다. 대학생 때 자유 타령하며 놀러 다니느라 돈을 펑펑 썼던 나는 입사한 후에도 씀씀이가 꽤 큰 편이었다. 그중 하나가 식비였다. 점심과 저녁은 회사에서 해결하는 경우가 많았고, 회식으로 평소에 먹지 못했던 맛있는 음식들도 많이 먹었지만 식비 지출은 줄어들지 않았다. 주말이면 '나만의 소중한 만찬을 즐기겠어!'라면서 혼자서 맛있는 것을 엄청 사 먹기도 하고, 배달 음식을 코스로 즐기기도 했다. 그때의 나에게 뭐라고 할 수도 없으니 이제부터라도 지출을 줄일 필요가 있었다. 한동안은 월세를 비롯한 각종 고정 지출과 공과금을 제하고 월 30만 원으로 생활을 해보려 했다. 30만 원은 사실 좀 어려웠고, 40만 원 선까지는 할 만했다. 쉽지는 않지만 재밌었다. 힘들지도 않았다. 내가 무엇을 위해서 이렇게 하는지가 분명했기 때문일 것이다. 저축 늘리기는 현재진행형이다. 애석하게도 가끔 고삐가 풀려서 큰돈을 쓸 때도 있지만, 내 집 마련을 위한 저축 늘리기 미션은 계속될 것이다.

주식 공부하기

나는 자본주의의 원리와 돈의 가치를 집을 사보고 나서야 깨우쳤다. '자본주의'라는 말 자체에 힌트를 넘어 아예 정답이 있었음에도 불구하고 말이다. 월급만으로는 나날이 올라가는 물가를 따라잡을 수 없으며, 저축만으로는 내가 원하는 집을 사기가 불가능하다는 것을 깨닫고는, 그동안 어렵다고 생각하고 두려워하기까지 했던 주식을 시작했다. 집은 그래도 가치를 평가하기가 쉬운데, 주식은 100배는 어려운 것 같다. 왔다 갔다 하는 가격을 보면 어떤 날은 별거 없다 싶다가도, 어떤 날은 '이게 왜 이러나? 미친 것 아니야?' 싶기도 하다. 대학 공부만 하면 끝나는 줄 알았는데, 공부가 싫어서 포기한 직업도 많은데, 살기 위해서 해야 하는 공부는 왜 이리 끝이 없는 건지. 그래도 투자 공부를 해야 하고, 투자를 해야 한다는 사실은 변함이 없다. 내 자산은 대부분 부동산에 들어가 있지만 나머지 자금으로 현금 흐름을 조금이라도 더 확보하기 위해 다른 영역에서도 나만의 투자 원칙을 만들어가고 있다.

남의 집이 알고 싶다

··· 한번 내 집을 사고 나니 희한하게 남 집이 궁금해졌다. 다른 사람이 사는 집은 언젠가 내가 살고 싶은 집을 꿈꾸게 하기 때문이다. 다른 사람들의 부동산 투자 현황은 앞으로 내가 다시 집을 구매할 때 어떤 것들을 생각해야 하는지를 고민하게 해준다.

결혼은 재테크에 효과적일까?

한 선배는 회사에서 부동산 황태자라고 소문이 자자한데, 그 비법을 물어보면, "빨리 결혼하세요"라고 한다. 둘 다 소득의 안정성이 어느 정도 보장된 상태라면 아예 빨리 결혼해서 종잣돈을 모아 재테크를 하는 게 유리하다는 것이다. 최근에 본 유튜브 영상에서 한 부동산 전문가는 꼭 수도권이 아니더라도 각자 집을 갖고 있는 남녀가 만나 결혼하고서 주말 데이트로 대전에 임장臨場(현장에 직접 가보는 부동산 활동)을 가면 그게 바로 좋은 결혼 생활이라고 했다. 맞는 말이다. 혼자 집을 마련하는 사람이 2억 원짜리 집을 살 수 있다는 가정하에, 두 사람이 모이면 단순히 계산해도 4억 원짜리 집까지는 기대해볼 법하기 때문이다. 그렇게 되면 볼 수 있는 집의 범위가 늘어난다. 마침 가까이에 결혼을 기회 또는 목표 삼아 용기를 내 집을 구매한 사례가 있어, 양해를 구하고 그들의 이야기를 소개하려고 한다.

나와 남자친구는 대학 시절 밴드 동아리에서 만났다. 그런데 하라는 합주는 안 하고 제 짝을 찾은 커플이 우리 말고도 또 있었다. 이 친구들은 같은 과, 같은 동아리를 거쳐 같은 회사에 다니고 있다. 두 사람은 각각 26살, 27살인데, 최근 둘은 4년 뒤 결혼을 목표로 전세를 끼고 집을 샀다. 충동적으로 매물을 보러 간 날 화끈하게 가계약을 한 다음, 두 사람이 그간 모은 돈에다가 부모님께 받은 5천만 원(증여세가 없는 최대 금액)을 보태 계약하고 잔금을 치렀다. 혼자의 힘으로는 살 수는 없는, 내가 가진 집 가격의 2~3배 정도 되는 아파트였다.

집을 충동적으로 사서 걱정이 된다고는 하지만, 두 사람은 2년 후에 전세 세입자를 내보내고 들어가서 살다가, 그 이후에는 좀 더 괜찮은 신축 아파트로 들어가면서 결혼하겠다는 뚜렷한 계획도 갖고 있다. 집을 사보니 아무래도 부동산 공부를 하게 되고, 지속해서 관련 정보를 찾아보게 된다고 하니, 둘에게는 이번 아파트 구매가 좋은 시작이자 기회가 되지 않을까 싶다.

부장님 댁에 초대받고 싶은 나, 정상인가요?

나는 부장님이 사시는 동네는 어디인지, 선배가 결혼하면서 신혼집으로 샀다는 집은 어떤 곳인지가 궁금하다. '그분'이 사시는 집이 궁금한 게 아니라, 그저 '그 집'이 궁금하다. 집이라는 것은 대부분의 사람이 관심을 두는 주제다. 그래서 회사 사람들이 모여 이야기하다 보면 자연스레 대화 주제가 집이나 부동산으로 흘러갈 때가 많다. 그러면 회사 선배님들께 어느 지역에 사는지, 교통은 어떤지 정도는 여쭤볼 수 있다. 지역을 추천해주시는 분들도 많다.

(또래들은 다들 뜨악하지만) 개인적으로는 부장님 댁에 초대받는 것도 나쁘지 않다. 어차피 할 회식의 장소가 바뀔 따름이다. 동

네나 아파트라는 게 다 사람 사는 곳이라 그다지 다를 것도 없지만, 막상 가보면 확실히 차이가 느껴진다. 내가 구매할 수 있는 집은 저렴하고, 멀고, 좁은 반면, 어른들께 초대받아서 가는 집들은 위치로 보나 규모로 보나 훨씬 좋은 경우가 많다. 그래서 나는 팀장님이나 부장님이 집에 가자고 하면 그냥 식당에 가는 것보다 의미 있다고 생각했다. (물론 집에 가서 집 안 구석구석을 살피거나 이 방 저 방 들여다보는 몰상식한 행동은 하지 않는다.) 퇴근하고 다 같이 부장님 댁으로 향하는 길에 대중교통이나 자가용을 이용해서는 어떻게 갈 수 있는지, 심부름을 하러 가면서 주변에 어떤 시설이나 인프라가 마련돼 있는지, 건배할 때 창밖으로는 어떤 것들이 보이는지 등 '굳이 깊이 생각하지 않아도 저절로 보이는 것이지만, 직접 겪고 느껴보면 뭔가 다른 것'들을 확인해볼 따름이다. 내가 현재 가진 집보다 훌륭한 조건들을 보면서 나도 나중에는 이런 집에 살아야지 다짐하곤 한다.

물론 꼭 어른들만 좋은 집에 사는 건 아니다. 한번은 내 또래인 지인의 신혼집에 초대받은 적이 있다. 강남의 초역세권에 백화점이 바로 근처에 있고, 방도 여러 개고, 거실 발코니 창 너머로 한강 다리도 보이고, 인테리어도 군더더기 없이 깔끔한 집이었다. 거실에는 여러 손님과 두런두런 홈파티를 할 수 있을 만큼 널찍한 테이블이 있었다. 내가 40살쯤에는 살 수 있을까 싶은 이상적인 집이었다. 본인의 자가는 아니었고, 부친 소유의 집에 들어가 사는 것이었다. 지인의 아버지께서 젊으셨을 때 자녀들 주려고 강남 일대에 집을 네 채나 사뒀다고 한다. 강남이 이렇게나 좋아질 줄도 모르고 단순하게 '자식들에게 하나씩 줘야지' 하는 마음으로 사뒀던 것이다. 그랬던 집이 이제는 가격이 천정부지로 치솟고, 재건축도 진행되고 있다고 했다. 뉴스에서 보던 강남 부자 이야기가 여기 있었구나 싶어 부럽긴 했지만, 딱히 박탈감이 들지는 않았다. 나도 열심히 살면 좋은 곳에 살 수 있다고 생각하고, 그 목표를 이루기 위해 노력하며 작은 것부터 하나씩 성취해나가는 기쁨도 알기 때문이다.

내가 관심을 두는 아파트마다 지인이 한 명씩 사는 것도 아니고 막상 모르는 곳으로 임장을 가는 것도 걱정이라면, 온라인 세상을 활용하면 된다. 웬만큼 규모가 있는 아파트는 기본적으로 유튜브에서 매물로 소개하기도 하고, 네이버에 검색하면 부동산 블로그에 매물을 소개하는 게시글이 올라와 있기도 하다. 아니면 인테리어 시공 업체의 블로그에 특정 아파트의 인테리어 시공 전후를 소개하는 사례도 많다. 그 외에도 인기 유튜버, 브이로그 유튜버들은 룸 투어 영상, 랜선 집들이 영상도 종종 찍어 올린다. 이렇듯 다양한 방법으로 남의 집을 둘러보면서, 내 집에 대해서 자연스럽게 생각해보는 것도 좋다.

집이나 동네에는 직접 가봐야 알 수 있고 느껴지는 것들이 있다. 만약 그런 게 없다면 집에서 침대에 누워 부동산 앱으로 가격을 확인하고, 면적을 확인하고, 로드뷰를 보는 것만으로도 충분했을 것이다. 그러나 많은 부동산 전문가들이 임장 활동의 중요성을 강조한다. 직접 가봐야만 알 수 있는 것들이 분명 존재하기 때문이다. 대개 사람들은 좋은 것이 있어도 이게 좋은 거라고 누가 알려주거나, 좋은지 겪어봐야만 좋은 줄 안다. 기회가 닿을 때 좋은 집에 놀러 가보고 안목도 키워두면 나쁠 게 없다. 그런 집을 내 힘으로 마련해서 그곳에서 살게 되는 날이 오면 얼마나 뿌듯할까!

나만의 원칙과 시나리오를 만들자

▪▪▪ 내가 지금까지 공부하고 실행한 것들이 최고의 선택이었을까? 거기에 대해서 무조건적인 확신은 없다. 어쩌면 지금 내가 갖고 있는 집 두 채는 나에게 시행착오에 해당하는 선택일지도 모른다. 집을 사면서 놓쳤던 다른 투자의 기회가 떠오르거나 '이 집'을 사면서 '그 집'을 살 수 있었던 기회를 놓친 것이 아쉬울 때도 분명히 있을 것이다. 원래 남의 떡이 훨씬 더 커 보이는 법이니까.

그러나 그간의 내 집 마련 역사를 돌아볼 때, 내가 산 집들은 최고의 선택은 아니었을지 모르지만 당시로서는 최선의 선택이었다고 생각한다. 나는 그동안 막연하게 '강남과 가까운 수도권

어딘가에 8억 원 정도하는 집에서는 살아야 할 것 같은데?'라고 생각하면서 나날이 올라가는 집값에 걱정하고 '그래서 집값이 내려간다는 거야? 올라간다는 거야?'라는 의문을 유튜브 영상 속 전문가들에게 내뱉으며 줏대 없이 흔들리곤 했다. 하지만 이제는 감당할 수 있는 집값의 수준을 계산할 수도 있고, 외부 환경이 바뀐다고 해도 거기에 맞는 나만의 속도를 설정할 수 있다는 자신이 생겼다. 다음 집은 어디로 가면 되는지 현실적인 계획을 세워볼 수도 있다. 무엇보다 내가 거주할 수 있는 집 하나는 사뒀다고 생각하니 조급함도 줄어들었다. 비싼 월세를 살면서도 불안해하기보다는 '그래, 내가 언제 또 이렇게 회사 가까운 곳에 살아보겠어?' 하는 팔자 좋은 생각을 한다. 집을 사는 게 생각만큼 어렵고 심오한 게 아니라는 살짝 거만한 생각도 곁들여서.

어떤 영역이든 대가들을 보면 자신만의 원칙이 있다. 어떤 상황에서는 물불 안 가리고 뛰어들고, 어떤 상황에서는 적당히 몸을 사린다는 대쪽 같은 원칙들. 그뿐만 아니라 대가들은 본인의 상황에 맞는 시나리오도 가지고 있다. 어떤 상황이 왔을 때 어떻게 행동하겠다는 기준점이 있고, 그 기준점에 맞게 행동한 것에 대해서는 후회하지 않는다. 부동산을 공부하면서, 나에게도 나만의 원칙과 시나리오가 생겼다. 나의 원칙은 1~2년을 주기로 가능한 예산 범위 안에서 최선의 집을 찾아 투자한다는 것이다. 첫 집이 내 마지막 집은 아니기에 좋은 집을 향해 계속 업그레이

드를 해나가려고 한다. 그리고 별것 없지만 집값이 오르고 내릴 때의 시나리오도 세워뒀다.

내가 경제 활동을 시작하고서 부동산 시장은 불장Bull Market(강세장)이었다. 근래에는 매수세가 꺾이고 있다는 기사가 많이 나오고 있다. 이 상황에서 내가 가진 것들이 무엇인지를 명확하게 해보자면 6,500만 원을 주고 산 아파트 A, 인천에 1억 7천만 원을 주고 산 아파트 B 이렇게 두 채다. A에는 주택담보대출 1천만 원과 월세 보증금 1천만 원, B에는 전세금 1억 4천만 원이 걸려 있다. 현재 호가가 어느 정도 오르긴 했으나 내가 B에 들어가는 시점의 A 가격, 내가 B에서 다른 아파트로 갈아타고자 할 때의 B 가격이 중요하다.

이 상황에서 집값 상승 시의 시나리오를 세워본다. 나는 전세 세입자가 B를 비워줄 시점에 집값이 여전히 상승하고 있다면, A를 팔고 여러 돈을 합친 다음 전세금을 내주고 B에 들어가서 성실하게 통근할 것이다. 예전같이 어린 마음이었다면 통근 1시간 40분에는 결사반대를 했을 테지만 이제는 기꺼이 몸테크를 할 준비가 돼있다. 더구나 집을 소유하고 있는 기간, 실제로 거주하는 기간이 늘어나면 양도 소득세가 줄어들기 때문에 못 할 것도 없다. 더 좋은 집으로 이사하고 싶지만, 내 집에 비해 주변의 집값이 너무 많이 오른다면? 그때도 마찬가지로 지금 내가 가진 집에서 충분히 쉬면서 행복을 느끼는 데 집중할 것이다. 내 취향에 맞게 인테리어를 잘해서 들어간 다음, 도를 닦는 마음으로 통근하며 지낼 것이다.

이번에는 집값 하락 시의 시나리오다. 집을 가진 상태에서 집값이 하락하면 좋은 점이 2가지 있는데, 하나는 양도 소득세에 대한 부담이 사라진다는 것이고, 더 중요한 것 하나는 다른 집의 가격도 내려가서 갈아탈 기회가 생긴다는 것이다. 그래서 나는 지역별, 금액별로 내가 들어가고 싶은 아파트를 찜해뒀다. 6억 원짜리 아파트가 반 토막 난다면? 만약 9억 원짜리 아파트가 반 토막 난다면? 혹시 모르니까 생각은 해두는 것이다. 이렇게 이야기하면 "야, 9억 원짜리가 왜 반 토막이 나? 더 오르면 올랐지" 라고 말하며 코웃음을 치는 친구들도 많다. 그러나 집값이 어떻게 될지는 아무도 모른다. 그리고 안 떨어지면, 말면 그만이다. 어차피 안 되는 건 방법이 없다.

어쨌거나 나는 서울이나 서울로의 접근성이 좋은 수도권에 내 집을 한 채 두고 싶다. 서울에서 일하고 사람들과 교류한다는 전제하에 다른 수도권에 집을 구하게 된다면, 더 넓은 평수였으면 좋겠고 아파트의 나이(입주 연도로부터 현재까지의 연식)도 나보다 어린 곳으로 들어갈 수 있다면 좋겠다. 실제로 거주하거나 통근하기에는 서울보다 좋은 지역도 많기 때문에 어쩌면 그곳에 정착할지도 모르겠다. 내가 원하는 지역으로 들어올 수 있으면, 때를 봐서 매물을 낚아챌 생각이다.

수도권에 만족스러운 수준의 내 집을 마련하는 시기는 보수적으로 5년 후를 생각하고 있다. 주거 덕분에 생산성이 높아지고, 여유로운 마음을 갖게 되고, 하고 싶은 것들이 많이 생기는, 즉 결과적으로 내 삶이 윤택해지는 집에 가고 싶다. 집의 면적은 32평이나 34평 정도면 만족스럽고, 되도록 평지에 있는 단지면 좋겠다. 5년으로 설정한 이유는 단순하다. 수도권에 지금의 집을 산 지 1년이 지났고, 2년의 간격을 두고 두 번 정도 더 갈아탄다는 계산이다. 그렇게 5년을 보내고 나면 내가 원하던 지역의 좋은 아파트로 갈 수 있을 거라고 생각한다. 그동안에는 부동산, 특히 집에 대해 꼼꼼하게 공부해서 다른 곳에 투자도 해볼 생각이다. 전문가들의 도움을 받아 공부하고 직접 분석도 해야 한다. 세금에 관한 공부도 필수다. 내 힘으로 공부하고 투자해서 좋은 집에 갈 수 있다면 그것만큼 보람찬 일이 또 있을까?

보유하고 있는 주택의 수를 무작정 늘리는 것이 내 목표는 아니다. 그러나 집을 한 채만 운용해야 한다는 제약은 두지 않았다. 가능하면 지금처럼 두 채 또는 세 채 정도를 갖고 있으면서 월세를 받고 싶다. 월급을 받는 직장인에게 월 35만 원의 추가 수입이 얼마나 큰 의미가 있는지를 알게 되었기 때문이다. 만약 내가 사는 한 채도 집의 역할을 어느 정도 훌륭하게 해내고, 두 번째, 세 번째 집도 좋은 집이 될 수 있다면, 나중에는 부모님께 40평대 아파트를 마련해드리고 싶다. 부모님 집이 먼저가 아니라 내 집이 먼저인 이유는 내가 먼저 바로 서야 주변 사람들에게도 의지할 구석이 돼줄 수 있다고 생각하기 때문이다. 이는 부모님께서 먼저 이야기해주신 의견이고, 나 역시 동의했다.

내가 인생을 살면서 이룩하고 싶은 꿈은 멋지게 일하고 따뜻하게 사랑하며 살아가는 것이다. 평범한 한 명의 인간이면서도 내 인생에서는 우주 전체인 내가 물리적으로, 정신적으로 오롯이 독립해서, 사랑하는 사람과 맛있는 음식을 먹으면서 건강하고 행복하게 사는 것이다. 그리고 나를 키우느라 고생하신 부모님, 특히 나에게 좋은 것을 다 밀어주느라 정작 본인은 좋은 것 한 번 못 누려본 우리 엄마한테 자식이 커가는 걸 보는 일 말고도 인생에는 다양한 재미가 있음을 알려주고 싶다.

그 꿈의 배경 화면은 따뜻한 보금자리, 즉 안락한 집이다. 그래서 나는 괜찮은 집 세 채를 갖고 싶다. 내 삶을 함께할 동반자와 살 집 하나, 부모님이 사실 화장실이 2개 이상인 집 하나, 인생의 위기에 좋은 밑천이 되어줄 집 하나까지. 이 낭만적이고 따뜻한 꿈에 증여세와 양도세가 눈치 없이 끼어들 것 같긴 하지만, 그것은 어떻게든 대응할 수 있는 일이다.

내 집 마련의 여정은 이제 본격적으로 시작됐다. 무언가 할 수 있는 게 생겼다는 사실에 몸이 들썩거린다. 물론 새롭게 공부하고 경험하면서 수많은 시행착오를 겪게 되고, 처음에 세웠던 계획이 수정되거나 방향이 달라질 수도 있다. 그러나 나의 좋은 집을 마련하겠다는 생각에는 변함이 없을 것이다. 그 꿈이 꼭 이루어질 수 있도록 하루하루 열심히 공부하고 실행해 나갈 것을 내 자신과 미래의 내 집에게 약속한다.

부린이 탈출 비법

집값 등락 속 내 집 마련 시나리오

종잡을 수 없는 집값 앞에서 내 집 마련을 망설이고 있다면 각 상황별로 나름의 시나리오를 세워보는 게 도움이 된다. 다음 페이지에 등장하는 사분면은 내가 집을 사기 전에 향후 집값의 추이와 내 집 소유 여부 상황을 나누고, 각각의 상황에 직면하게 되면 어떤 생각을 할지, 어떤 문제가 있을지를 정리해본 것이다(어쨌거나 내 집을 마련할 생각이며, 종잣돈을 지속해서 모으고 있다는 사실을 전제로 했다).

내 생각에 나에게 가장 위험한 것은 '집이 있는 상태에서 집값이 내려가는 것'보다 '집이 없는 상태에서 집값이 올라가는 상황'이었다. 물론 '내 집 있음'에서 말하는 집은 감당할 수 있는 수준에서 구매한 것이어야 한다는 전제 조건이 있다. 집이 없는 상태에서는 집값이 오르면 집을 못 사게 되니 문제가 되지만 집이 있는 상태에서

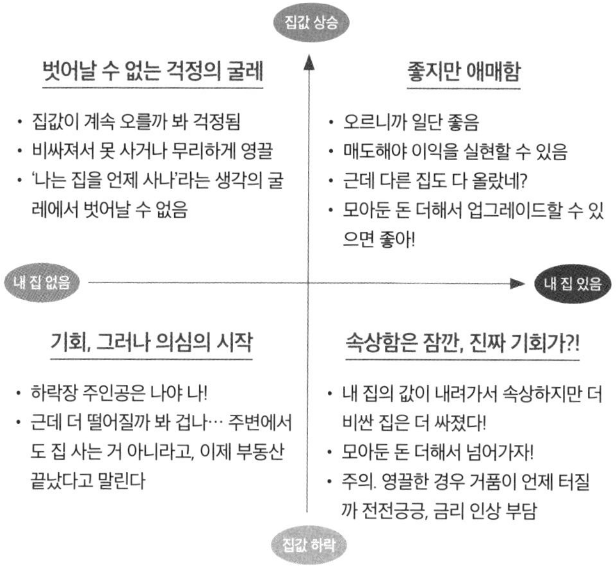

는 집값이 내려가는 것이 큰 문제가 되지 않는다. 어차피 '감당할 수 있는 수준'에서 산 것이고, 싼 집밖에 못살 것이기 때문에 집값이 내려가도 충분히 커버할 수 있다. 똑같이 30%가 떨어져도 2억 원짜리 집은 6천만 원이 떨어지고, 4억 원짜리 집은 1억 2천만 원이 떨어지는 셈이다. 그러면 내 집이 있다는 안정감으로 내 집이 없을 때의 불안함을 상쇄하고 있다가, 집값이 내려가면 더 떨어진 집으로 바꿔타는 것이 오히려 좋은 전략이 아닐까? 어차피 저점에서 못 잡고, 고점에서 못 팔 것이기 때문이다.

그래서 나는 내가 가진 집의 가격이 반 토막 날 수도 있다고 전제하고 집을 샀다. 지금 갖고 있는 아파트들은 반 토막이 나도 내가 충분히 수습하고 다시 일어설 수 있는 금액이다. 막말로 회사 몇 년 늦게 들어간 셈 치지, 뭐. 실제로 거주하면서 몸테크를 할 만한 집이기에 반 토막이 난다고 해도 그 집에 살면 되고, 만약 내가 가고 싶었던 다른 집도 가격이 크게 떨어진다면 그리로 넘어가면 된다고 생각했다. 하락장이 도래했을 때 오히려 기회를 볼 수 있는 것이다.

나는 내 나름대로 내 집 마련 원칙이나 향후 계획에 대해 어느 정도 가닥을 잡았다. 물론 나도 그리 담대하지 못해서 집값이 내려가는 게 사실 걱정된다. 그래도 남들이 집값 내려간다고 뭐라고 해도 흔들리지 않을 만큼 굳은 마음을 갖게 되었으니, 아쉬움은 있어도 후회는 없을 것이다.

6장

감이 잡히는 부동산 공부법

부린이 고민의 무한 루프에서 탈출하는 법

부린이는 왜 부린이일까? 부동산 지식이 부족한 게 그 이유가 되기도 하겠지만, 아직 뚜렷한 주관이 서지 않았다는 게 더 큰 이유다. 어린이가 정체성의 혼란을 딛고 어른이 되듯, 부린이도 자신만의 견해나 관점을 갖추면 부른이(부동산+어른)가 될 수 있다. 어른이 돼서도 꾸준히 공부하고 나라는 사람이 누구인지 찾아가듯이, 부른이도 처음부터 완성형일 필요는 없다.

내가 생각하기에 부린이들은 보통 아래와 같은 고민을 하고 있다.

'종잣돈이 없는데 어떡하지?'

'집값이 내려가면 어떡하지?'

'공부할 게 너무 많고 어려운데 어떡하지?'

이 고민들은 무한 루프를 형성해서 부린이가 부른이가 되지 못하도록 방해한다. 무한 루프에 빠진 부린이는 실제로 행동하지 못하는 것은 물론, 책이나 영상을 봐도 귀에 들어오지 않는다. 어떻게 이렇게 잘 아냐고? 내가 그랬기 때문에 자신 있게 말할 수 있다. 부린이에서 탈출하고 싶다면 먼저 이러한 고민의 무한 루프를 끊어내야 한다. 무한 루프를 팽팽 돌던 한 사람으로서 집을 사고 집에 관해 공부해본 지금, 이 3가지 고민에서 벗어나는 방법에 대해 이야기해보고자 한다.

종잣돈이 없는데 어떡하지?

종잣돈은 누구나 없다. 특히 사회 초년생은 더 그렇다. 있는 쪽이 소수다. 하루하루 월세를 내고 전세자금대출 이자 내고 생활비 마련하기에도 빠듯한데, 종잣돈이 모일 리가 없다. 그러면 관점을 바꿔서, 얼마가 되면 부동산 투자를 위한 종잣돈을 모았다고 할 수 있을까? 누군가에게 종잣돈은 1천만 원일 것이고, 5천만 원 또는 1억 원쯤은 있어야 종잣돈이라고 할 수 있다는 사람도 있을 것이다. 이렇듯 종잣돈은 상대적이다. 솔직하게 말해, 처음에는 나도 1억 원쯤은 있어야 한다고 생각했지만, 지금은 1천만 원도 충분히 종잣돈이 될 수 있다고 생각한다. 물론 여기에는 필요조건이 있다. 열심히 부동산 시장을 공부하고 시야를 넓혀야 한다는 것이다.

나는 왜 1억 원은 돼야 종잣돈이라고 생각했을까? 단정적으로 말할 수 있다. 시야가 좁았기 때문이다. 세상에 10억 원짜리 집만 있다고 생각했기 때문이다. 투자 가치를 떠나서 내가 살고 싶은 집이 10억 원, 내가 살고 싶은 동네의 아파트가 10억 원이었기 때문에 그보다 저렴한 집은 고려 대상에 집어넣지도 않았던 것이다. 하지만 부동산 앱에서 두 손가락을 좁혀서 지도를 축소해보면 서울이 아닌 곳에도 집이 많고, 1억 원짜리 집이나 그 이하의 집도 많다. 거기에도 사람이 살고, 투자자들이 뛰어든다. 투자 가치는 기본적으로 싼 것에 있기 때문이다.

그러면 이런 생각을 할 수도 있다. '에이, 집값이 올라도 10억 원짜리 집이 1억 원 오르기가 쉽지, 1억 원짜리 집이 1억 원 오르는 게 쉽겠어?' 물론 맞는 말이지만, 여기에 대해서는 2가지 반박을 할 수 있다.

첫째, 어차피 10억 원짜리 집은 지금 쳐다볼 수 없다. 그럼 선택지는 둘 중 하나다. 손 놓고 기다리면서 저축을 하거나 주식과 코인 대박을 기대하면서 10억 원짜리 집을 살 수 있을 때까지 기다리는 것. 그게 아니라면 1억 원짜리 집이라도 사서 한 걸음씩 나아가는 것이다. 집을 사면 내 자산에 대한 책임감이 생긴다. 넋 놓고 있지 않게 되고, 뭐라도 공부하게 된다. 그 이후를 꿈꾸게 된다. 정말 내 집 마련을 원한다면 그편이 더 현실적이지 않을까?

둘째, (물론 따져봐야 할 것이 많겠지만) 실제로 10억 원이 넘는 고가의 집을 감당할 수 있는 사람은 몇 없으므로 많은 사람들이 그 이하에서 집을 산다고 하면, 상대적으로 저렴한 집이나 집값이 덜 올랐던 집에 투자 가치가 생긴다. 그간 외면받던 지역의 아파트, 소형 평수 아파트 등이 지난 상승장에서 2배 이상의 호가를 자랑했던 이유 역시 거기에 있다. 더 오른 집이 더 떨어지는 게 맞는지, 똘똘한 한 채가 덜 떨어지는 게 맞는지에 대한 가설 검증도 중요하지만, 돈이 부족할 때는 내가 가진 돈으로 실행할 수 있는 시나리오가 무엇인지를 따지는 게 훨씬 더 현실적이다. 싼 집이 더 떨어진다 한들, 10억 원짜리 집은 30% 떨어지면 3억 원이 떨어지지만 1억 원짜리 집은 70%가 떨어져도 1억 원이 안 되는 금액이 떨어지게 된다. 리스크 없는 투자는 없다는 것을 인정한다면, 적은 돈으로 할 수 있는 투자를 마다할 이유가 없다.

그리고 쥐고 있는 돈이 많을수록 좋은 집을 살 수 있는 것은 사실이기 때문에, 내 눈을 좋은 집에만 맞추면 종잣돈은 얼마를 모아도 늘 부족하게 느껴질 수밖에 없다. 1억 원이 있을 때는 2억 원을 모아야 갈 수 있는 집이 보이고, 2억 원이 있을 때는 4억 원을 모아야 갈 수 있는 집이 보이기 때문이다. 그래서 가장 현실적인 것은 현재 가진 수준에서 레버리지를 이용해서 살 수 있는 집을 사는 것이다. 나에게는 그게 제1원칙이다.

한편, 레버리지, 즉 대출을 일으켜 집을 사는 것과 전세를 안고 집을 사는 것을 부정적으로 생각하는 사람이 있다면, 대출금과 전세금은 어차피 내가 갚을 돈이며 책임지고 내줘야 하는 돈이라는 것을 인지할 필요가 있다. 내 분수에 맞지 않으면 은행에서 알아서 회수해갈 돈이며, 내가 어떤 수를 써서라도 마련해줘야 할 돈이기 때문에 내 능력에 맞는 수준에서 현금을 부동산이라는 형태로 바꿨다고 생각해야 한다. 나에 대해, 내 재산에 대해 스스로가 강한 책임을 지지 못하겠다면 결코 집을 살 수 없다.

집값이 내려가면 어떡하지?

집값 하락이 두렵지 않냐고 물어본다면, 당연히 두렵지만 꼭 두렵기만 한 것은 아니라고 이야기할 수 있다. 먼저 두려운 이유는 내가 경제 활동을 시작하고서 처음 겪어볼 시장(하락장)이기 때문이고, 두렵지 않은 이유는 어차피 반토막도 감안하고 무리하지 않는 선에서 산 것이기 때문이다. 그리고 하락장에서는 내 집만 값이 떨어지는 게 아니다. 집값은 비율대로 떨어지는 것도 아니고 일괄 1억 원씩 동일하게 떨어지는 것도 아니지만, 앞에서도 말했듯 비싼 집이 금액으로 따졌을 때 더 많이 떨어지는 것은 사실이다. 더 비싼 집의 가격이 내가 살 수 있는 수준으로 떨어지면 지금보다 좋은 집으로 건너갈 기회도 생기기 마련이다.

하락을 걱정하면서 아무것도 하지 않는 것은 그냥 아무것도 하지 않는 것과 같다. 그런 경우 집값이 반드시 하락해야만 할 말이 생긴다. '내가 그때 딱 하락할 거라 생각했거든! 안 사고 기다리길 잘했지, 뭐야?' 하는 것이다. 그런 사람이 하락장에서는 집을 살 수 있는가 하면, 웬만한 강심장을 가진 사람이 아니라면 사지 못할 확률이 높다. 더 떨어질 게 무섭기 때문이다. 그래서 무엇을 하든 내가 감당할 수 있는 선에서, 머무르지 않고 움직이는 편이 낫다고 생각한다. 유튜브 영상이나 기사를 막론하고 '집값이 상승할까요? 하락할까요?'라는 주제를 다룬 콘텐츠는 매번 새로운 것들이 올라온다. 상승론과 하락론에 관해 골고루 다룬다고 쳐도, 내가 접할 수 있는 이야기 대부분은 부동산 구매나 투자에 성공한 사람들이 집값 상승을 통해 자산을 얼마나 늘렸는지에 관한 내용들이다. 실패한 사람들의 쪽박 찬 이야기는 잘 나오지 않는다. 젊은 사람들이 많이 보는 부동산 유튜버들은 보통 부동산업자이거나 임대업자인 경우가 많고 대체로 상승을 주장한다. 반면, 아직 내 집 마련을 못한 사람들을 등에 업고 하락론을 주장하는 사람도 있다. 이들 중에서 근거 없이 말하는 사람은 없다. 상승론도, 하락론도 그 이유를 들어보면 다 그럴듯하다.

중요한 것은 고수들은 반드시 하락에 대비한다는 것이다. 하락을 두려워하는 게 아니라, 미리 준비를 해둔다. 상승이나 하락을 '전망'하고 그치는 것이 아니라, 상승이 왔을 때 어떻게 할지 하락이 왔을 때 어떻게 할지 '전략'을 짜는 것이다. 집은 직접 거주할 수 있다는 가치가 있기 때문에 금액의 규모에서는 부담이 있어도 비교적 안정적이고, 매물을 보는 눈을 기르기도 쉬운 투자 방법이다. 내가 살기 좋은 집은 누구에게나 살기 좋은 집이니까. 하지만 내 집 한 채를 마련하려고 하는 상황, 그 한 채에도 재산이 '몰빵'돼야 하는 상황에서는 어느 한쪽의 이야기만 들을 수는 없다. 상승론자들의 이야기만 듣고 영끌 풀매수를 하기보다는 감당할 수 있는 수준에서 적당한 여유를 두고 내 집을 마련하는 게 맞다. 그렇다고 해서 하락론자의 이야기를 듣고 아무것도 하지 않는 것도 안 된다. 내 집 마련에 있어서 가장 무섭고 허망한 상황은 내가 집을 샀는데 집값이 내려가는 때가 아니라, 집을 못 샀는데 집값이 올라가버리는 경우기 때문이다.

부동산 기사의 댓글을 보면 '집값이 지금보다 70%는 더 내려가야 한다'라는 의견이 많다. 그 의견이 주장인지, 소망인지, 정답인지는 모르겠다. 하지만 집값이 내려가는 걸 보고 집을 살 수 있는 사람이 몇이나 될까? 어디까지 더 내려가면 적당한 가격인지를 누가 알 수 있을까? 진짜 두려워해야 할 것은 하락이 아니다. 어떤 상황에서도 결단을 내리지 못하고 안 될 이유만 생각하고 있는 내 모습이다.

공부할 게 너무 많고 어려운데 어떡하지?

부동산 투자는 어렵게 느껴진다. 게다가 돈이 많이 들기 때문에 함부로 접근할 수도 없다. 그렇지만 하고자 하면 얼마든지 공부할 수 있다. 특히 요즘에는 유튜브, 책, 앱 등 활용할 수 있는 자료가 무궁무진하기 때문이다.

'공부하는 것은 귀찮을 따름이지 두려워할 일은 아니다!'

내 집 마련을 하고 싶다면 그냥 공부해야 한다. 그 수밖에 없다. 재미가 없다면 재미가 있는 것을 찾아서 공부하거나 재미가 생길 때까지 반복해서 공부해야 한다.

부동산 투자를 특히 더 두렵게 만드는 것은 세금 부과와 대출 제한이라고 생각한다. 기준과 내용이 너무 많고 복잡하다. 세금 부과나 대출 제한은 올라가는 집값을 붙잡고 다주택자를 규제하거나 가계의 부채에 대한 건전성을 재고한다는 목적하에 만들어졌으나, 그 자체가 부동산 투자를 더 어렵고 위험한 것이라 인식하게 만드는 데 일조하고 있다. 그러나 실상을 들여다보면 꼭 그렇지 않다. 모든 세법과 대출 조건을 다 익히려면 당연히 어렵고 모든 경우를 하나하나 따지자면 복잡하겠지만, 나의 상황에 대한 것만 추리면 알아야 하는 것이 그리 많지 않다.

전문가들도 모르는 세법

한동안 조정대상지역의 다주택자 종합 부동산세, 양도 소득세 문제로 회사에서 부동산 투자깨나 하셨다는 분들의 움직임이 바빠졌다. 나와 친한 부장님은 세법이 적용되기 전에 갖고 있던 주택 하나를 처분하셨다. 어떤 분은 아파트를 한 채 소유하고 있음에도 불구하고 재산세를 연봉만큼이나 내야 한다고 울상이었다.

세법이 수시로 바뀌는 데다가 주택의 위치나 가액, 거주 기간, 보유 기간, 임차 현황 등 다양한 기준으로 미세 정책을 펼치는데, 인간 만사가 그렇듯이 여기에도 예외는 있고 모든 사례를 규정하지 못하는 경우도 있다. 그래서 법을 먼저 알고 세금을 예측하는 건 사실상 불가능에 가깝다. 대신 내가 가진 주택을 취득하고 보유하고 처분하기까지 그 주택들의 주택가액을 고려해, 그때그

때 상황에 맞게 내가 내게 되는 세금을 파악할 필요가 있다. 물론 이것도 쉽지는 않다. 우스갯소리로 세법이 하도 바뀌어서 상담을 포기한 세무사의 이야기도 있다. 나 역시 부동산 전문 세무사와 상담을 한 적이 있는데 내 질문에 대해 그가 미처 대답을 못 해준 부분도 있었다. 세법이 지나치게 복잡하니 세무사가 모든 사항을 알 수 없다는 사실도 이해는 됐다.

대출도 마찬가지다. 대출 역시 은행원도 제대로 모르는 경우가 많다. 하지만 내가 살 집 한 채에 대한 대출은 충분히 일으킬 수 있다. 중요한 것은 이 대출이 내가 감당할 수 있는 수준인가 하는 것이니, 본인이 가진 현금과 소득에서 어느 정도가 적절한지를 계산해보고 대출을 잘 알아보면 된다. 내 주변에는 대출 때문에 곤혹스러운 경험을 한 경우가 더러 있긴 했지만, 결국엔 대출을 무사히 잘 받은 경우가 더 많았다.

몇 년 전 다주택자 보유세에 대한 이슈가 한창 떠올랐을 때, 그러니까 '앞으로 다주택자에 대해서 규제를 세게 한다더라'라는 이야기가 나왔을 때, 엄마는 작은 빌라 두 채와 아파트 한 채를 갖고 있었다. 그 세 채는 모두 지방 소도시에 있었고 평형도 작은 편에다가 다 합쳐서 2억 원이 채 안 되었는데, 주변에서는 이러다가 다주택자들 큰일 나는 거 아니냐고, 얼른 팔아야 한다고 엄마에게 매도를 종용했다. 그러나 엄마는 하나도 걱정하지 않았다. 엄마의 상황에서 어떤 세법을 적용받는지를 잘 알고 있었기 때문이다. 당시 엄마가 소유하고 있던 집들은 비규제 지역에 있었고 금액이 1억 원 미만으로 낮았기 때문에 규제 대상에 포함되지 않는 상황이었다. 이렇듯 집을 가진 사람이 아니라 제대로 알지 못하는 사람들이 세금을 무서워하면서 적절한 행동을 취하지 못하는 것이다.

어차피 내 상황에 맞지도 않는 세법이나 대출 규제를 다 알 수도 없고 알 필요도 없지만, 제대로 모르고 막연히 두려워할 필요는 더더욱 없지 않을까? 집을 안 사도 된다고 생각하는 게 아니라면, 이제부터라도 차근차근 공부하고 준비해두면 된다고 생각한다. 집 한 채에 대해서는 더 그렇다. 생각해보면 집이 한 채도 없을 때부터 세금 걱정을 했던 내가 조금 웃기다. 지나고 보니, 집을 사거나 팔기 전에 내가 집을 사려는 지역이나 주택 가격에 따라 세금과 대출이 어떻게 되는지를 알아보기만 하면 되는 거였다. 물론, 세금이나 대출을 좌우하는 주요 변수(보유 주택 수, 주택 가격, 지역 등)가 무엇인지 알아두는 것은 어느 정도 필요하다. 나는 지금 갖고 있는 집을 파는 순서, 보유 기간, 거주 기간에 따라 양도 소득세가 어떻게 되는지, 거기에 한 채 정도 더해질 때는 취득세나 보유세가 어떻게 되는지, 현 상황에서 대출은 어떻게 받을 수 있는지를 알아뒀다. 세금이나 대출이 두려워서 내 집 마련을 머뭇거리지는 말자. 공부하면 될 것이라 믿는다.

자취방 침대에서 부동산 공부하기

■■■ 집을 사는 것이 먼 미래가 될지 가까운 미래가 될지는 아무도 알 수 없다. 어떤 매물이 있나 슬쩍 보러 갔다가 불현듯 충동적으로 계약을 할 수도 있고, '남들 다 사는데 나는 어떡하지?' 하다가 등 떠밀려 집을 사게 될 수도 있다. '집'이라는 단어가 주는 무게감과 어려움을 생각하면 그런 일이 없을 것 같지만, 이는 우리가 주변에서 종종 목격할 수 있는 사례다. 분명한 것은 언제든지 더 나은 선택을 할 수 있도록 준비하고 공부해야 한다는 사실이다. 다행히도 요즘은 스마트폰만 있으면 자취방 침대에서 뒹굴뒹굴하면서도 계약금을 부치기 직전까지의 과정을 공부할 수 있다.

부동산 유튜브 구독하고 뼈 맞기

부동산 투자에 관한 유튜브 영상을 많이 보는 편이다. 1년 동안 매일 최소 1개 이상의 영상을 봤으니 지금까지 아마 못해도 300~400개의 영상은 봤을 것이다. 처음에는 억지로 봤는데 지금은 심심하면 나도 모르게 찾아서 본다. 더구나 안 보면 찝찝한 마음이 들게끔 제목을 (자극적으로) 잘 뽑기 때문에 안 보려야 안 볼 수가 없다.

부동산 관련 영상은 크게 4가지 주제로 나뉜다. 부동산 투자의 마음가짐에 관한 내용, 개인적인 경험을 공유하면서 귀납적 학습을 할 수 있게 도와주는 내용, 투자 시 고려 사항이나 참고할 지표를 알려주는 내용, 상승과 하락을 주장하거나 특정 지역을 추천해주는 내용이다.

옳은 공부 방법을 정하기는 어렵지만, 모든 배움이 그러하듯 우선 지식보다는 마음가짐을 다지는 것이 중요하다고 생각한다. 집에 대한 간절한 마음이 있다면, 누구라도 알아서 부동산 영상이나 책을 찾아보기 마련이다. 사실 어떻게 하면 간절한 마음을 가질 수 있는지는 모르겠다. 스스로 부여하지 못한 동기를 남이 부여해주는 것은 더욱 어려운 일이니까. 확실한 것은 내 집 마련에 대한 의지를 갖기만 하면, 그다음부터는 어떻게든 나만의 방향을 잡아갈 수 있다는 것이다. 찐초보를 위한 유튜브 콘텐츠 하나를 추천하자면 '부동산 읽어주는 남자' 채널의 인기 영상인 〈절대 전세 살지 마라〉를 권해주고 싶다. 왜 전세를 살지 말고 내 집 마련을 해야 하는지를 쉽고 명확하게 설명해주는 콘텐츠다. 이성적으로든 감성적으로든 전세를 살지 말아야겠다는 생각이 들게 만든다. 그리고 꼭 집주인이 되어야겠다는 생각을 심어준다.

유튜브를 활용해 사연 중심의 영상을 보는 것은 가장 쉽고 자연스럽게 부동산 공부를 할 수 있는 방법이다. 예를 들어 '부동산 읽어주는 남자', '월급쟁이부자들TV' 등의 채널에서는 정말 다양한 연령대의, 그만큼 더 다양한 사연을 만나볼 수 있다. 2030세대를 타깃으로 하는 채널로는 'TV러셀'이 있다. 내 상황과 꼭 맞아떨어지는 사연은 잘 없어도, 엇비슷한 사연은 상당히 많다. 사연 속 주인공이 내 또래면 '같은 나이인데 나는 이렇게 생각하고 있고 저 사람은 저렇게 생각하고 있구나', '나는 이렇게 살고 있고 저 사람은 저렇게 살고 있구나'를 비교해보는 것도 재밌고, 영상에서 어디에 집을 갖고 있다거나 매수를 고민하고 있다고 하면 그 동네가 어딘지 찾아보는 것도 재미가 쏠쏠하다. 내 집 마련에 관한 생각이 커지기도 하고, 일부러 커리큘럼을 짜지 않아도 자동으로 더 공부하고 싶은 것이 계속해서 생긴다. 이렇듯 자연스럽게 부동산 공부에 재미를 붙여가면 누군가가 강요하지 않아도 여러 영상을 섭렵하면서 내 생각을 정리할 수 있다.

나머지 2가지, 투자 시 고려 사항이나 참고할 지표를 알려주는 내용, 상승과 하락을 주장하거나 특정 지역을 추천해주는 내용은 심화 학습을 하기에 좋다. 처음에는 이런 영상들이 도대체 무슨 말을 하고 있는 건가 싶었는데, 영상을 많이 보다 보니 이해가 되기 시작했다. 부동산 전문가들의 모든 영상에는 주장과 근거가 있다. 나는 그들의 결론만을 받아들이기보다는, 지역과 가격을 분석하는 시선을 배우려고 노력하고 있다. '집값 오른대', '○○지역이 괜찮대'가 아니라 '이 사람은 인구와 입주 물량, 미분양 물량 등을 살펴보고 이렇게 이야기하는구나'를 배우려고 하는 것이다. 그런데 이런 이야기를 하는 유튜브 영상은 다른 유형에 비해 드물다. 유튜브에서는 다수가 이해할 수 있는 내용을 쉽게 설명하는 경우가 많다. 집중하지 않으면 흘러가 버리는 영상의 특성상 체계적인 이야기를 하기가 어렵고, 다수가 볼수록 채널 운영자에게 이득인 유튜브 채널의 특성 때문이다.

그렇게 본인들의 논리에 설득된, 부동산 투자에 정말 진심이지만 방법을 모르는 사람들을 본인들의 유료 강의로 끌어들이기도 한다. 나쁘다고 생각하지는 않는다. 내 돈을 탈탈 털어 넣으면 무료로 지나가듯 영상을 보는 것에 비해 훨씬 더 각 잡고 배울 수 있으니까. 유료 강의를 수강해본 지인의 말에 따르면 유료 강의에서는 그룹을 짜서 과제를 하거나 좋은 습관을 형성할 수 있는 자극을 제공해준다고 한다. 또한 다주택자가 되는 전략을 알려주고, 멱살 잡고(?) 여럿이서 임장도 같이 간다고 한다.

한편, 유튜브 영상에서 제공하는 정보가 모두 옳은 것은 아니므로 적당히 필터링해 받아들일 필요가 있다. 유튜브에 있는 부동산 관련 콘텐츠를 볼 때 유의해야 할 점을 3가지로 정리해봤다.

첫째, 상승 얘기를 들었으면, 하락 얘기도 들어보자. 상승과 하락은 예언이 아니다. 경험과 분석을 토대로 한 주장이다. 따라서 그의 경험이 어떤지, 분석이 어떤 내용인지를 골고루 들어보고 판단을 내려야 한다. 그런데 사람들은 전문가들이 집값이 상승할지 하락할지 맞히기만을 원한다. 사람들은 누구나 자기가 들었으면 하는 이야기를 듣고 싶어 한다. 집이 있는 사람은 앞으로도 오른다는 말을, 집이 없는 사람은 앞으로는 떨어진다는 말을 듣고 싶어 한다. 댓글 창을 보면 명확하다. 상승론자들의 채널에는 상승론자에게 감사 인사를 하는 사람밖에 없고, 하락론자의 채널에는 하락론자 말이 옳다고 하는 사람밖에 없다. 간혹 '이 사람이 하락한다고 해서 집 팔았는데 이후로 집값 올랐다'며 원망하는 댓글이 있긴 하지만.

둘째, 내 선택에 대한 책임을 남에게 전가하지 말자. 전문가에게 사연을 보내는 사람들은 "제가 지금 이렇게 하는 게 잘하는 거라고 말해줘요"라고 하는 경우가 대부분인 것처럼 보인다. "제 상황이 이러한데, A 안과 B 안 중에 어떤 게 좋을까요?"라고 중립적으로 물어보는 경우는 거의 없다. 사실 그마저도 중립적이지는 않다. A와 B가 하나는 집값이 상승할 때, 다른 하나는 집값이 하락할 때를 대비한 선택지거나, "A가 더 오를까요? B가 더 오를까요?"라고 질문하는 것과 마찬가지인 경우가 많아서, 사실상 전문가들에게 집값의 향방을 예언해달라고 하는 것과 크게 다르지 않기 때문이다. 전문가들은 상승도 생각하고, 하락도 대비하라고 한다. 그리고 내 집을 마련하려고 하는 사람에게는 영끌을 하지 않는 선에서 멀리 보고 집을 살 것을 권하기도 한다. 그런데 만약 그 말을 듣고 집을 샀다가 집값이 내려가면 이 전문가를 원망하지 않을 수 있을까? 그때도 "○○님 말씀 듣고 사길 잘했다 싶습니다"라고 말할 수 있을까? 내 기준이 올곧게 서 있는 상태에서 전문가의 조언이 확인 수준이었다면 다행이지만, 그게 아니라면 그 상황에서 가장 힘들어질 사람은 다름 아닌 본인이 될 것이 분명하다.

"본 내용은 개인적인 견해이며, 투자의 책임은 투자자 본인에게 있습니다."

이는 투자 및 재테크 관련 유튜브 영상에 반복해서 나오는 멘트다. 투자의 책임은 개인에게 있다. 당연한 것이다. 온라인 공간에 이 사람 때문에 집 샀다가 망했다고 외치는 건 너무 허망한 일이다. 그러므로 남의 말을 들으면서 공부하되, 결론과 그에 따른 실행은 철저히 내 의사여야 한다.

셋째, 내 재무 상태를 명확히 파악하고, 행동의 기준점을 만들자. 상승과 하락을 점칠 수 없다고 해서 내 돈을 걸고 도박을 할 수는 없는 노릇이다. 그렇다면 지금 해야 하는 일은 내가 가진 무기들을 잘 파악하고, 좀 더 실질적인 공부를 하면서 나만의 기준점을 만들어가는 것이 아닐까? 내가 가진 수준에서 시도해볼 수 있는 행동은 얼마든지 있다. 결과를 좌우하는 것은 결국 나 자신이다.

정리된 지식이 고플 때는 책을 읽는다

유튜브는 개별 메시지를 얻기는 좋지만, 이론적인 공부를 하기에 적절한 영상은 많지 않다. 대중을 위한 쉬운 내용의 영상이 많이 올라오기 때문이다(4가지 부동산 영상 유형 중 대부분은 마음가짐에 관한 영상이거나 사연을 받아서 간접 경험을 제공하는 영상이다).

그래서일까. 닥치는 대로 유튜브 영상을 보다가 어느 순간 '그래서 어떻게, 뭘 보고 집을 사라는 건데?'라는 질문이 떠올랐다. 이에 대한 답을 얻고 싶어 책을 찾아 읽었다. 한 사람의 인사이트를 짜임새 있게 배우기에는 책이 더 적절할 때도 있다. 책을 여러 권 읽는 것도 중요하지만, 책에서 소개하는 방법의 하나라도 직접 공부해보고, 찾아보고, 내 것으로 만드는 게 더 중요하다고 생각한다. 얼마 안 되는 인생을 살면서 느낀 것은, 꼭 정보가 많이 들어온다고 해서 좋은 것은 아니라는 사실이다. 정보의 홍수 속에서 헤매다가 떠내려가는 것보다는 튼튼한 동아줄 하나를 꽉 잡는 편이 좋다. 다만 초기에는 부동산 초보인 나도 오래 붙잡고서 버틸 수 있는 쉬운 방법, 나도 해볼 법하다 싶은 방법을 소개하는 책을 찾는 일이 먼저다. 내 경우 무슨 책을 읽을지 몰라서, 그냥 서점에 가서 제목이 마음에 드는 책을 골라 들거나 베스트셀러 중에 하나를 집어 들고 목차를 확인해서 '방법'을 알려주는 책을 읽었다. 과장이 있더라도 '100% 오를 지역을 고르는 방법 3가지'와 같이, 어떤 채널을 통해 어떤 숫자를 보고 뛰어드는지를 서술한 책을 골랐다. 그리고 책의 내용을 과소평가하지 않으려고 했다. '에이, 이것 말고 안 알려주는 무언가가 더 있겠지'라는 생각을 버리고 일단 한번 따라 해보는 것이다. 그 '무언가'는 어차피 세상에 공개되지 않고, 내가 나의 무언가를 직접 찾아야 한다는 마음으로 읽으니 책의 내용을 받아들이는 것이 쉽고 재밌었다.

똑똑한 사람들이 만든 똑똑한 앱

데이터 천국, 호갱노노와 아실

유튜브 영상이나 책을 보면서 공부를 하다 보면, 남이 해주는 이야기를 내 이야기로 만들고 싶어진다. 이제 어떤 집이 내 집이 될 만한지, 어떤 동네에 진입해야 좋을지 골라잡을 때가 된 것이다. 이는 앱으로 쉽게 도움받을 수 있다. 나는 '호갱노노'와 '아실'을 매일 들락거리고 있다.

호갱노노에서는 아파트의 현재 시세를 알 수 있고, 그간의 실거래가 흐름도 알 수 있다. 그리고 실제 거주하는 사람들이 올린 후기도 볼 수 있다. 후기를 보면 진짜 살아봐야 알 수 있는 정보들을 간접적으로나마 알 수 있다. 아파트가 언덕에 있는지, 주차난은 어떤지, 거주하는 사람들의 분위기는 어떤지도 알 수 있다. 아파트 단지마다 후기의 양과 질이 차이 나긴 하지만, 후기가 많은 아파트의 경우 아파트 내부에서 찍은 창밖 사진을 볼 수도 있고, 단지 내 조경이 어떻게 돼있는지도 확인할 수 있다. 후기를 살펴보면 대단지거나 지역에 호재가 있는 경우 실거주자가 본인의 아파트의 가치를 높이는 기사를 스크랩해두는 경우가 종종 있는데, 이것도 그 지역에 관한 공부 거리가 된다. 호갱노노에는 알림 기능이 있어, 관심이 가는 아파트에 알림을 설정해두면 매매가, 전세가, 후기 등이 업데이트될 때마다 빠짐없이 알림을 받을 수 있다. 나는 내가 소유한 아파트와 그 밖에 관심이 가는 아파트들의 실거래가와 후기 알림을 받고 있다. 현재 수준에서 고려해볼 수 있는 수도권 4억 원 이하 아파트, 그다음 단계로 생각해볼 수 있는 수도권 또는 서울 외곽의 5~8억 원 이하 아파트, 강남과 가깝고 백화점도 있고 한강도 멀지 않아 나중에 살고 싶은 꽤 유명한 아파트 등 눈여겨 보고 있는 지역들의 대장 아파트와 관심이 가는 아파트의 알림을 켜뒀다.

아실은 수치화된 데이터를 통해 인사이트를 끌어내기에 좋다. 부동산 투자를 하는 사람들이 자주 참고하는 대표 데이터를 '부동산 스터디'라는 카테고리 아래에 여러 항목으로 구성해뒀다. 매물 증감, 많이 산 아파트, 갭 투자 증가 지역, 외지인 투자 증가 지역, 학군 비교, 아파트 공급 물량, 아파트 미분양 등 이것만 봐도 어느 지역에 관심을 가질지 결정할 수 있을 만큼 깔끔하게 잘 정리돼 있다. 실제로 내 집 마련, 부동산 투자 관련한 대부분의 책에서 아실을 소개하고 있다. 그만큼 시각화가 잘 돼있고, 조회 기준 설정이 자유롭기 때문에 부동산 투자를 공부하기에는 더없이 좋은 앱이다.

강남, 서울, 수도권까지의 접근성을 따져볼 때는 지도 앱

이렇게 관심 지역이나 매물까지 살펴봤다면 이제는 지도 앱으로 교통편을 확인할 차례다. 실거주를 목적으로 들어갈 만한 수도권의 경우 강남이나 여의도로의 접근성은 어떤지, 이 아파트에 살면 지하철역까지 도보로는 몇 분이 걸리는지, 마을버스를 타야 하는지 아닌지, 환승은 몇 번이나 해야 하는지 등을 확인한다. 교통편을 확인할 때는 출발 시간을 출퇴근 시간으로 바꿔보기도 한다. 그러면 환승이 많고 거리가 멀수록 변동성이 커져서, 출발 시간을 출퇴근 시간으로 설정할 때와 늦은 밤으로 설정할 때 각각 걸리는 시간이 달라지는 것을 알 수 있다. 수도권을 벗어난 다른 지역을 볼 때는 자가용을 이용한 서울로의 접근성, KTX를 이용한 서울로의 접근성을 확인한다. 지도 앱을 먼저 본 다음, 지하철역을 기준으로 괜찮은 위치에 있는 아파트를 찜해두고 호갱노노로 들어가기도 한다. 호갱노노에는 아파트 외에 지하철역을 핀포인트로 찍을 수 있는 기능이 없으므로, 지하철역으로의 접근성을 따지기 위해서는 지도 앱을 먼저 활용하는 것이 편리하다. 그렇게 해서 가격대별, 평형별, 가능하다면 시나리오별로도 관심 가는 아파트를 찜해두면 왠지 그 아파트를 살 수 있을 것만 같은 기분이 든다. 목록을 만들어두면 실제로 임장을 가게 됐을 때 찜해둔 것을 중심으로 살펴보면 되기 때문에 효율적인 임장을 할 수 있다.

매물의 가격을 확인할 때는 네이버 부동산과 다방

마음에 드는 아파트를 발견했을 때는 '네이버 부동산'이나 '다방' 앱에 들어가서 실제 매물의 가격을 확인한다. 호갱노노나 아실이 데이터를 확인해 어느 지역의 어느 아파트에 관심을 가질지를 결정할 수 있는 앱이라면, 네이버 부동산과 다방은 실제 등록된 매물을 확인하고 부동산에 당장 문의 전화를 해볼 수 있는 앱이다. 매물 가격을 보면 기존의 실거래가보다 높게 나와 있을 때도 있고, 낮게 나와 있을 때도 있어 시세의 향방이 어떻게 되는지를 확인할 수 있다. 집주인이 살고 있다가 내놓는 건지, 전세를 안고 살 수 있는 집인지, 베란다 확장을 한 곳인지, 층수나 집의 방향은 어떤지 등의 정보를 제공한다. 다른 매물과도 비교해보면 어떤 조건들이 시장에서 더 높게 평가받는지, 그래서 발생하는 가격 차이는 어떤지도 알 수 있다. 대체로 저층보다는 중층이나 로열층이 조금 더 비싸고, 다른 방향보다는 남향이 좀 더 비싸다. 창밖으로 다른 동이 보이는 곳보다는 탁 트인 곳이 더 비싸다.

나에게 맞는 집 한 채가 반드시 있다

■■■ 부동산을 공부하는 방법으로 유튜브 영상과 책, 앱 중 어느 것 하나를 콕 집어서 추천하기는 어렵다. 저마다의 특성이 있기 때문이다. 여러 가지를 골고루 살피다 보면 그것을 잘 조합해서 나만의 방식을 만들고 인사이트를 찾을 수 있다. 더 공부해야 할 내용과 이제는 행동으로 옮겨야 할 일의 목록도 정할 수 있다. 그다음부터는 내가 내 주관대로 집을 사고팔 때까지 어떻게 공부해볼지를 결정할 수 있게 된다. 그게 옳은지 그른지는 물론 해봐야 알 수 있겠지만 말이다. 참고로 나는 유튜브 영상을 보면서 대략 다음과 같은 흐름으로 공부하고 내 생각을 정리했다.

내 집 마련의 필요성 → 집을 살 때 따져봐야 할 조건(입지, 연식, 면적 등) → 집 자체의 조건 외 집을 살 때 고려해야 할 것(취득세, 양도세 등) → 부동산 투자의 필요성 → 부동산 투자 시 고려해야 할 사항과 분석해야 할 항목 → 아파트가 아닌 물건에 대한 개념과 주의점 → 기타 등등

부동산에 관심을 가지고 부동산 투자를 해야 한다고 생각한다면, 그 마음과 생각을 행동으로 옮기는 것이 무엇보다 중요하다. 물론 나 역시 내 집을 사야 하는 것은 알고 있지만, 공부하기는 귀찮고 왠지 두렵고 꺼려지는 마음이 들 때도 있었다. 그러나 그 마음을 극복하니 내 집을 살 수 있었고, 불안감에 참고 있었던 숨을 내뱉고 마음의 안정을 찾을 수 있었다.

뉴스에 나오는 부동산 관련 소식들에 지레 겁먹었던 때가 있었다. 거래량 급증과 급락, 신고가 경신 등과 관련한 내용을 보면 마치 큰일이 난 것처럼, '앞으로 내 집 마련이 더욱 막막해졌구나' 싶은 느낌이 들기도 했다. 남들이 떠드는 이야기만 들어 보면 내 집은 영영 사라진 것만 같았고, 우리 세대에게 내 집 마련은 정말 불가능한 일인가 싶었다. 그러나 실제로 공부를 해보니 나의 수준에 맞는 아파트도 있고, 사볼까 싶은 아파트도 있었다. 부동산 시장의 전반적인 상황을 고려해야 하지만, 알아보기도 전에 포기하거나 희망을 잃어서는 안 된다고 생각한다. 내 집 마련에도 나만의 시작점과 속도가 분명 존재하니까 말이다.

나가고 싶어서 몸이 들썩거리는 순간이 온다

■■■ 부동산 영상과 책을 보면서 마음가짐을 다잡고, 각종 앱을 활용해 집에 대한 것들을 조사하다 보면, 이제는 정말로 나가봐야 할 것 같은 기분이 들 때가 온다. 가상 공간에 머물러 있던 집을 실제로 확인하고 싶어서 몸이 들썩인다. 임장을 갈 때가 된 것이다.

사실 스마트폰만 있으면 책상 앞에 앉아서도, 심지어 침대에 누워서도 부동산 공부를 할 수 있다. 왜 집을 사야 하는지 뼈를 때려가며 알려주는 100억 원대 자산가도 있고, 2천만 원으로 어디에 어떻게 투자해서 성공했는지 낱낱이 알려주는 워킹맘도 있으며, 어느 지역에 호재가 있는지 설명해주는 부동산 전문가도 있기 때문이다. 그럼에도 불구하고 지금 당장 침대에서 몸을 일으켜 임장을 반드시 가봐야 한다. 공부해야만 아는 것, 가봐야만 아는 것, 사봐야만 아는 것이 명확히 다르기 때문이다.

그런데 '임장'이라는 전문 용어(?)에는 왠지 모를 심리적인 장벽이 느껴진다. 왜일까? 임장 활동의 뜻을 살펴보면 다음과 같다.

> **임장 활동**臨場活動
> 현장에 직접 가보는 부동산 활동을 말한다. 어떠한 부동산을 효율적으로 사용하거나, 분석하기 위해서는 탁상을 떠나서 대상 부동산 혹은 그 인근 지역·유사 지역에 나가서 조사·확인 등을 해야 한다. 부동산이란 지역성과 부동성을 가지고 있기 때문에 의사 결정을 하기 위해서는 현장에서 직접 확인을 하는 임장 활동이 꼭 필요하다.
> - 네이버 부동산용어사전

현장에 가서는 의사 결정에 도움이 될 정보를 직접 확인해야 한다. 남이 떠먹여 주는 자료에서는 나오지 않는, 말로 설명할 수 없는 무언가가 분명히 있다. 실제로 동네나 아파트 단지에 가면 주변에 무엇이 있는지 살펴보는 간단한 임장부터 주민들이 어떤 연령대인지 살펴본다거나 아파트 단지나 상가에 가서 주민들의 이야기를 귀동냥하는 등 수준 높은(?) 임장이 있다.

그러나 부린이에게 임장 활동이 주는 가장 큰 장점은 '집을 사는 데 방해가 되는 마음을 녹일 수 있다는 것'이다. 대부분의 사람들은 익숙한 것에 안정감을 느끼고, 낯선 것에 불안함을 느낀다. 잠시라도 살던 곳에 애착을 느끼고 한 번이라도 가본 곳에 더 큰 애정을 느낀다. 한 번도 가보지 않은 곳보다는 한 번이라도 가본 곳을, 한 번만 가본 곳보다는 여러 번 가본 곳을 선호하는 게 사람의 심리다. 제삼자가 보기에는 다른 동네와 엇비슷한 조건임에도 불구하고, 모르는 동네보다는 아는 동네에 있는 집을 사고 싶은 마음이 드는 것이 당연한 것이다. 내가 마음이 편해야 살고 싶은 법이고, 소중한 돈을 투자하고 싶은 법이다. 따라서 마음을 붙이기 위해서라도 임장 활동을 해야 한다. 동네의 분위기에 익숙해져야 한다. 어쩌면 낯선 감정 그 자체에 익숙해질 필요도 있다.

부린이들이 토로하는 고민 중 하나는 부동산 중개사무소에 가서 기세에 눌리거나 문전박대를 당하면 어쩌지 하는 것이다. 그러나 부동산 중개소장과 형님, 아우 하는 사람들도 한때는 나와 같이 부린이였던 시절이 있었다. 그들의 지식과 내공은 하루아침에 완성된 것이 아니라 여러 단계를 거쳐 차곡차곡 쌓인 것이다. 그러니 두려워하지 않아도 된다. 다만, 부동산 중개사무소에 다짜고짜 쳐들어가서 '저 공부하고 싶으니 가르쳐주세요'라고 할 수는 없는 노릇이니 '샤이shy 부린이'인 내가 틈틈이 했던 가장 쉬운 임장법을 추천해보고자 한다.

낯가리는 부린이의 산책 임장

그것은 다름 아닌 산책이다. 산책은 그 동네 주민이 자기가 사는 동네를 즐길 수 있는 가장 단순한 방법이다. 산책 임장을 하는 마음속에는 언젠가 이곳에 집을 살지도 모른다는 생각이 숨어 있다. 낯선 동네의 아파트를 사자는 엄마의 말을 한사코 거절했다가 후회한 적이 있는 나는, 다시는 그런 일을 만들지 않으려고 한다. 낯선 마음 때문에 집을 살 기회를 놓치지는 않으리라 다짐한다. 그래서 마치 내가 동네의 주민이 된 것처럼 걸어본다. 빙의를 해보는 것이다. 물론 미어캣처럼 돌아다니기 때문에 다른 사람들 눈에는 주민으로 보이지는 않을 것이다.

이 동네 저 동네로 다니면서 '오, 여기는 근린공원이 잘 돼있네. 입주민 전용 상점이 있네'라거나 '여기는 딱 봐도 좋은 곳이네. 집값이 얼마야? 헉? 26억 원? 까마득하구먼?' 하면서 여기저기를 살펴본다. 부동산 앱을 켜서 가격을 확인해보고, 후기도 찾아보고, 부동산 중개사무소에 붙어있는 매물 리스트도 살펴본다. 언제쯤 이 집에 살 수 있을까 하면서 2억 원도 없는 애가 20억 원짜리 집을 꿈꾸기도 한다. 동네를 걸어보면 차를 타고서는 느낄 수 없는 경사나 역으로부터 집까지의 도보 거리는 물론 동네가 가진 고유의 분위기까지 알 수 있다.

돌아오는 길에는 그 동네 주민이 살 법한 걸로 물건이나 음식을 사본다. 나는 빵순이라서 주로 빵을 사 온다. 왜 그런지는 잘 모르겠지만 뭐라도 그 동네에서 하나 사보면 좀 더 정이 간달까. 사람 사는 곳이 다 똑같다는 걸 알면서도 낯설기만 했던 동네인데, 그렇게 한 번이라도 가서 돌아다녀 보면 그곳은 더 이상 낯선 곳이 아니게 된다.

주변 동네에 익숙해졌다면 이제 영역을 넓혀서 지하철이나 버스를 타고 멀리 있는 동네에 가보면 된다. 그러면 그 동네로 이어지는 대중교통을 미리 경험할 수 있다. '이야, 여기랑 지난주에 간 거기는 직선거리는 비슷한데 교통이 천지 차이네. 여기는 대중교통 한 방으로 올 수 있고, 거기는 두 번이나 갈아타야 하는구나' 등의 비교를 해볼 수 있다.

시간이 지나면 아직 가보지 않은 더 먼 동네도 가보고 싶어진다. 그러면 시외버스나 KTX를 타고 가보기도 하고, 엄마나 남자친구와 함께 여행하듯이 가보기도 하면서 서울이나 주변 주요 도시로의 접근성은 어느 정도인지, 인프라는 충분한지, 아파트가 너무 오래돼 보이지는 않는지 등을 살펴본다. 지도 앱의 로드뷰로만 봤던 아파트를 실제로 보면 왠지 연예인을 본 것처럼 반갑다. 그 주변을 따라 산책도 하고, 지나가는 사람들도 구경하다 보면 그 동네는 어느새 나에게 익숙한 곳이 된다.

마트에 가면 지역의 특성이 보인다

부동산 유튜버들의 이야기를 들어보면, 그들은 다양하고 집요하게 해당 지역과 거기에 있는 매물 수요에 대한 힌트를 얻는다. '와, 이런 식으로 생각할 수도 있구나' 하는 감탄이 나올 정도다. 그중 하나, 특히 '이 정도면 나도 해볼 수 있겠는데?' 싶었던 게 바로 대기업이 운영하는 마트에 가보라는 이야기였다. 그런 마트는 지역 규모가 어느 정도 되는 곳에 있기 마련이고, 본격적인 배후 수요가 형성되기 전에 입점하는 경우도 있어서 직접 가보면 그 주변에 사는 다양한 사람들의 실상이 보인다고 했다. 쇼핑하는 사람들의 연령대는 어떻게 되는지, 그들이 주로 구매하는 제품은 무엇이며 물가는 어떤지 등의 정보가 동네마다 다르고, 마트 역시 그러한 고객의 행태를 반영해 구색을 갖추고 규모를 키우기 때문이다. 이 정도면 낯을 가리는 사람들도 무난하게 해볼 수 있지 않을까 하는 생각이 든다.

임장의 방식은 다르겠지만, 뭐든 직접 해봐야 보는 눈이 생기듯이 임장도 직접 해봐야 한다. 해보면 분명 별것 아니라는 생각이 들고 더 많은 것을 시도해볼 용기가 생길 것이다.

우리 동네의 가장 좋은 집 찾기

이것마저 귀찮다면 지금 당장 창밖으로 눈을 돌리거나, '네이버 지도', '카카오맵'에서 나의 위치를 중심으로 손가락을 움직였을 때 이 근방에서 괜찮은 곳은 어디인지 따져보는 것부터 시작해도 된다. 사람들은 자기가 살아보거나 겪어본 동네에 대해서는 상당히 많은 것을 알고 있다. 어디에 지하철역이 있는지, 버스는 어디에 서는지, 먹을거리를 살 때 주로 방문할 만한 시장은 어디에 있는지를 경험을 통해 자연스럽게 아는 것이다. 그러면 그런 곳에 가기에 좋은 아파트도 자연스레 눈에 보인다. 어떤 아파트가 가장 좋아 보이는지, 왜 그런지를 생각해보면 된다. 평소에 막연하게 '저 아파트에 살면 좋겠다'라고 생각해둔 곳이 있을 수도 있다.

만약 20대이고 부모님과 같이 살고 있다면 부모님 찬스를 쓰는 것도 좋다. 내가 부동산에 관해 궁금했던 것들에 대해 부모님이 의외로 깊이 있는 답변을 내려줄지도 모른다. 부모님은 살아오면서 체득한 지식을 갖고 계시기 때문이다.

이렇게 지금 살고 있는 동네를 중심으로 생각해보면 마음이 편하기도 하고, 다른 동네를 볼 때도 내가 어떤 요소를 중요하게 생각했는지를 기준으로 삼아 적용해볼 수 있다. 다만, 잘 안다고 생각해서 내가 사는 동네를 과소평가하거나, 반대로 익숙한 곳이기 때문에 살기 좋다며 과대평가할 수 있으므로 이를 주의해야 한다. 비슷한 조건임에도 아파트 시세가 다르다면, 감으로 판단하기보다는 그 이유는 무엇인지 제대로 알아봐야 한다.

집을 사게 되면 그때부터는 새로운 세상이다. 낯가림 따위는 일도 아니다. 내 눈이 처음보다 훨씬 더 먼 곳을 보고 있다는 것이 느껴진다. 뿌옇던 시야가 조금은 선명해진다. 이제 막 시작한 건데 벌써부터 만족하지 말자고 나를 다독인다. 내 앞에 새롭게 펼쳐질 미지의 영역이 기대되는 것은 어쩔 수 없나 보다.

부린이 밸런스 게임: 막상 내 집 마련을 하려니 고민되는 것들

■■■ 내 집 마련은 많은 사람들의 재무적 목표다. 어쩌면 인생의 목표일지도 모른다. 좋은 집에서 사랑하는 가족들과 함께 행복하게 사는 것은 누구나 꿈꾸는 아름다운 장면 중 하나니까. 그래서 내 집 마련을 해야겠다는 생각은 드는데, 여전히 고민은 많고 당장 행동하기도 어렵다. 돈은 좀 드나? 주식은 단돈 몇천 원으로도 시작할 수 있는데, 부동산은 최소 몇천만 원이 기본이다. 그런데 이렇게 큰돈을 들이자면, 나도 모르게 '돈 들여 샀다가 집값이 내려가면 어쩌지?', '지금이 고점이면 어쩌지?', '지금 이걸 샀다가 다음 기회를 놓치면 어쩌지?' 하는 생각이 따라온다. 그렇게 하게 되는 고민들을 정리해봤다. 이러한 고민들의 결론은

결국 하나로 귀결된다. 모르는 부분은 계속 공부해야 하고, 내 길을 발견해야 하며, 나만의 속도를 찾아야 한다는 지극히 당연한 이야기다.

지금 당장 움직이자 vs. 조금 더 지켜보자

내 집 마련을 하고 싶은 사람이 가장 고민하는 것은 지금 당장 움직일 것인지, 조금 더 지켜볼 것인지를 결정하는 것이다. 사실 행동하기로 결심했다면 움직이지 않을 이유가 없다. 내가 확보할 수 있는 재원, 즉 종잣돈이나 대출 가능 금액은 어느 정도 정해져 있으므로 그 선에서 움직이면 된다. 그런데 뭔가 걱정이 된다면? 뭔가 발목을 잡는다면? 그건 확신이 제대로 서지 않은 것이다. 확신이 왜 서지 않을까? 집값의 향방을 모르기 때문이다. 집값의 향방에 따라 내 멘탈도 왔다 갔다 할 것이 분명하기에 함부로 행동하기가 어렵다.

어떡하지? 내가 감당할 수 있는 수준은 어느 정도일까? 나에게 적절한 대출 규모는 어느 정도일까? 발끝은 아니어도 무릎 정도는 되는 수준의 가격은 어느 정도일까? 이 아파트는 가격이 왜 올랐을까? 왜 떨어졌을까? 이 집을 사고 저 집을 사지 않은 것을 후회하지는 않을까? 샀다가 집값이 내려가면 그다음은 어떻게 할까? 샀다가 집값이 올라가면 그다음은 어떻게 하지? 생각이 꼬리에 꼬리를 물며 끝도 없이 이어지다가 결국 원점으로 돌아온다. '어떡하지?'에서 시작해 '어떡하지?'로 돌아와서 멍-하니 있게 되는 것이다.

부른이들의 이야기를 들어보면 부동산 시장이 어떻게 되든 집을 한 채 갖고 있는 게 중립이라고 이야기하는 사람도 있고, 길게 보면 집값은 우상향할 것이니 감당할 수 있는 수준이라면 언제 사도 괜찮다고 이야기하는 사람도 있다. 당연히 이제부터는 하락세가 시작될 것으로 보이니 조심히 접근하라는 사람도 있다. 도대체 어느 장단에 맞춰야 할까? 이런저런 이야기를 듣다 보면 이 말도 맞는 것 같고 저 말도 맞는 것 같다. 정답은 없다. 결국엔 공부하고 분석해보면서 나만의 길을 찾는 수밖에 없다.

집값의 등락은 내 의지대로 흘러갈 수가 없다. 나는 적당한 수준의 저렴한 집을 사서 집값이 오르든 내리든 감수하겠다는 생각이었는데, 나름의 확신도 있었고 집값이 오르든 내리든 흔들리지 않을 자신이 있었다. 상승도 가정해봤고, 하락도 가정해봤다. 하지만 요지는 '집값이 상승할까? 하락할까?'가 아니었다. '상승하면 어떻게 하고, 하락하면 어떻게 할까?'였다. 집을 샀다가 가격이 내려가면, 내 집만 떨어질 리는 없으니 (여력이 되는 한) 좀 더 비싼 집으로 옮겨갈 기회가 될 것이고, 가격이 올라가면 자산이 늘어나는 것이니 고마운 일이라고 생각했다. 집을 안 샀다가 집값이 더 오르면 그때는 정말 실거주를 목적으로 살 수 있는 집이 없기 때문에, 빠르게 집을 사는 결정이 옳다고 생각했다. 물론 막상 꼭대기에서 집을 샀다는 것을 알게 되면 '그때 집을 사지 말았어야 해!'라며 후회했을지도 모르지만.

늘 내가 통제할 수 있는 부분에 대해 생각해야 한다. 집값은 상승할 수도 있고 하락할 수도 있는데, 내 뜻대로 그것을 통제할 수는 없다. 그러므로 여러 시나리오를 통해 최대한 대비할 뿐이다. 공부하면서 하나 확실하게 깨달은 것은 '이 집값이 정상이냐!'라는 억하심정에 집값이 내려갈 거라고, 내려가야 한다고 생각하는 것은 나에게 도움이 되는 사고가 전혀 아니라는 것이다.

자산의 가치에는 등락이 있기 마련이다. 부동산도 마찬가지다. 물건별, 지역별, 규제 대상 유형별(주택, 비주택 등)로 전체적인 상승 속도나 변화량의 차이가 있다. 그러나 장기적으로 보면 집값은 우상향하는 모습을 보인다. 그냥 어디 아파트 하나 찍어서 실거래가를 기준으로 그래프를 그려보면 큰 그림에서는 상승이다. 요즘은 세금이 복잡해서 소유나 처분에 따른 손익을 평가하기도 어렵고, 다른 투자에 대비해서 부동산 투자가 얼마나 우위가 있는 투자인지도 알기 어렵다. 그래도 실거래가를 기준으로 보면 대부분의 집값이 장기적으로 우상향했다는 사실을 확인할 수 있다. 앞으로 인구가 어떻게 될지, 하나의 집에 들어가 사는 가구의 구성이 어떻게 될지에 따라 집값이 달라질 수는 있겠지만, 땅은 유한하고 지을 수 있는 주택 수는 어느 정도 정해져 있다. 그중에도 새집과 헌 집이 나뉘게 마련이고, 모든 아파트가 좋을 수는 없는 데다가 물가는 꾸준히 상승한다. 따라서 직장과의 거리, 지하철이나 버스의 이용 편의성, 학군 등이 좋은 곳이 상대적으로 비싸다는 개념이 유지되면서 장기적으로는 우상향하리라는 것이 많은 전문가의 이야기였다. 물론, 나는 그럼에도 불구하고 언제 반토막이 나도 이상하지 않다는 보수적인 전제를 깔고 집을 샀고, 앞으로도 그럴 생각이다.

사실 잘 모르거나 마음이 불안할 때는 공부하는 게 최고다. 나는 유튜브 화면 너머, 책 너머 부른이들의 도움을 많이 받고 있다. 그들은 부동산 공부에 엄청난 시간과 노동을 투입하는 사람들이다. 주말마다 시간을 내 전국 곳곳으로 임장을 가고, 대한민국 모든 지역의 아파트 가격을 시기별로 모니터링해 본인만의 자료를 만든다. 나는 그들이 고생해서 내놓은 이야기들을 통해 많은 것을 배우고 있다. 그리고 나같이 걱정 많고 자기 확신이 부족한 사람들이 보내는 사연을 보면서 공감도 하고 힘도 얻고 있다. 좋은 세상이다.

상승장이든 하락장이든, 집을 산 사람이든 집을 사지 않은 사람이든 어차피 걱정할 사람은 걱정하게 돼있다. 상승장에서 집을 산 사람은 내가 잡은 집값이 고점일까 봐 걱정하고, 하락장에서 집을 산 사람은 내가 집을 사고서 가격이 더 내려갈까 봐 걱정한다. 상승장에서 집을 사지 않은 사람은 집값이 더 올라서 집을 못 살까 봐 걱정하고, 하락장에서 집을 사지 않은 사람은 행여나 내가 집을 샀다가 가격이 더 내려갈까 봐 걱정한다. 이러나 저러나 시장은 어차피 내 능력 밖의 일이다. 걱정하지 말고 할 수 있는 것들을 준비하고, 위기가 왔을 때 대응할 수 있도록 숨통을 살짝 느슨하게 해두면 될 것이라 생각한다.

청약을 위해 무주택자 자격 유지 vs. 깔끔하게 포기

사실 나는 청약에는 관심이 없었다. 당첨되면 좋다는 건 알았지만, 확률이 너무 낮아 보였다. 경쟁도 치열해 보였다. 청약 후기를 찾아보면 당첨된 사람들이 말하길, '당첨 확률이 바늘구멍 같다, 하늘의 별 따기 같다'라고 표현한다. 그래도 당첨되면 대박이니까 희망을 놓지 말라고 한다. 바꿔 말해 청약의 문을 두드리는 것은 '그 정도 사이즈의 희망에 나를 맡겨, 말아?'에 대한 답을 내리는 것과 같다. 나는 단호하게 '말자'라고 결정했다. 30년이 채 안 되는 인생이지만, 한평생을 살면서 참여 인원의 반 정도가 당첨되는 경품 추첨 이벤트 말고는 어디에도 당첨돼 본 적이 없기 때문이다. 그래서 대담하게 첫 아파트를 사버렸다. 6억 5천만 원이 아니라 6,500만 원 하는 저렴한 아파트를 사는 것임에도 불구하고, 생애 무주택자 자격을 버리는 것에 대한 고민은 전혀 하지 않았다.

> **주택 청약**
> 주택을 분양받으려는 사람이 분양 주택의 종류에 따라 일정한 입주 자격을 갖춰 사겠다는 의사 표시로 예금 등에 가입하는 것을 말한다.
> - 네이버 부동산용어사전

청약은 뜻풀이에서 알 수 있듯 자격이 필요하다. 예를 들면 주택 청약 통장이 있어야 한다. 대체로 24회(2년) 이상 불입해두는 것이 1순위 조건이다. 보통 세대주나 세대원이 평생 주택을 가져보지 못한 경우 또는 일정 기간 무주택인 경우를 대상으로 진행된다. 예외가 있긴 하지만 까다롭다. 일반 공급이냐 특별 공급(일반 공급 외에 신혼부부, 예비 신혼부부, 생애 무주택자, 다자녀 가구, 한부모가족 등 자격 조건이 붙는 경우)이냐에 따라 자산 조건이나 소득 요건이 달라지기도 한다. 청약하는 아파트가 있는 지역에서 거주하고 있어야 하는 조건도 있다. 입주 때까지 수년간 무주택인 상태를 유지하면서 전세나 월세로 해당 지역에 거주를 해야 한다. 솔직히 말하면 나는 여기서부터 이미 머리가 아팠다. 안 되겠다고 생각했다. 이건 하락을 기다리는 것과는 또 다르다. 자칫 잘못하면, 한정된 내 시간을 안 되는 일에 모두 소진하게 될지도 모른다는 생각이 들었다.

내 주변에는 여전히 청약을 노리는 사람이 많다. 확률이 낮다고 해도 되기만 하면 그야말로 로또에 당첨된 것과 비슷한 효과를 얻기 때문이다. 되기만 하면 위치 좋은 신축 아파트를 주변 아파트보다 수억 원 낮은 가격으로 살 수 있다. 그래서 전세를 살면서 신혼부부 특별 공급을 준비하는 신혼부부도 있고, 결혼을 생각하면서 각자 청약의 문을 두드려보는 커플도 있다. 혼인신고를 하지 않은 상태에서는 같은 세대가 아니기 때문에 한쪽은 전세를 끼고 집을 사서 청약이 안 되면 결혼하는 시점에 입주하기로 하고, 다른 한쪽은 무주택 상태를 유지하면서 청약을 노려보는 것이다. 최근에는 위에서 언급한 자격 요건들이 충족되지 않는 무주택 실수요자의 청약 특별 공급 기회를 위해 1인 가구, 소득 초과자, 무자녀 신혼부부로도 대상을 확대하고 있어서 꼭 결혼을 준비하는 사람이 아니더라도 도전해볼 수 있는 자격이 생겼다. 다만, 말 그대로 도전 자격이 생긴 것이고 공급 물량은 정해져 있으므로 경쟁률은 오히려 더 치열해졌다고도 볼 수 있다.

그런데 주변 사람들을 보고 냉정하게 말하면, 청약에 대해서 잘 알고 대비하는 사람은 거의 없어 보인다. 아직 내 집 마련은 중요한 고민 사항이 아니라고 생각하거나, 어차피 로또인데 그냥 넣어봤다가, 되면 좋은 거고 안 돼도 그만이라는 마음인 사람도 많다. 막연하게라도 청약을 생각하고 있다면, 가장 유리한 자격 요건을 갖추기 위해 노력하며 정보를 찾아봐야 한다고 생각한다. 관련해 잘 정리된 블로그도 많고, 유튜브 영상도 다양하다. 한편, 청약을 넣어보는 겸 내심 집값이 내려가기를 기다리는 사람도 있다. 부동산 시장이 불안정해 보이므로 조금 기다리면서 청약을 넣어보자고 입장을 정했다면, 청약 조건을 잘 만들어 두되, 청약이 아닌 매매도 꼭 공부해야 한다고 생각한다.

아무리 생각해도 차마 희망적으로 청약을 기다리라고는 못 하겠다. 확률이 너무 낮다. 청약 조건이나 후기, 가점을 찾아보고 과연 배팅할 만한 확률인지, 기다려서 될 일인지를 한번 진지하게 고민해봐야 하지 않을까?

전·월세라도 좋은 집에 사는 것부터 vs. 어쨌거나 내 집에 사는 것부터

그나저나, 다들 내 집에 살고 싶어 하긴 하는 거겠지? 나만 이런 거 아니겠지? 일단 우리 엄마는 귀에 피가 날 정도로 내 집에 살아야 한다고 이야기했고, 주변의 또래들도 내 집 마련을 어려워하거나 못할 뿐이지, 다들 내 집에 살고 싶어 하는 마음은 같다.

심지어는 나와 성향도 다르고 벌이 수단도 다른 남자친구에게 내 집 마련을 하고 싶냐고 물어봤더니, 당연하다고 한다. 이유는 다음과 같았다.

'이사 귀찮음ㅋ'

내 희미한 기억으로는 대학교 때만 해도 적당히 되는 대로 살면 된다고 했던 것 같은데, 본인이 집을 구해보고 2년마다 떠돌이 생활을 하니 생각이 달라진 듯하다. 내 집이 좋은 건 본능과도 같은 것이다. 남 집에 돈 내고 얹혀사는 것보다 내 집에 내가 사는 게 낫다. 나는 사랑하는 사람과 내 좋은 집에서 가격 안 따지고 맛있는 걸 먹으며 행복하게 살고 싶다. 그런데 그 목표를 향해 나아가려면, 그전에는 어떻게 살아야 할지 결정해야 하는 아쉬운 순간이 온다. 내 좋은 집에 살고 싶은 마음을 접어두고, '좋은 집'에 살 것인지, '내 집'에 살 것인지를 먼저 결정해야 한다. 다시 말해 남의 집이라도 좋은 집에 사는 것부터 할 건지, 조건들이 안 좋아도 어쨌거나 내 집에 사는 것부터 할 것인지를 골라야 하는 것이다.

이는 많은 사람들이 보편적으로 마주하게 되는 상황이다. 내 집 마련 관련해 상담을 진행하고 해결책을 제시하는 부동산 유튜브 채널에서 유튜버들이 받는 사연들은 사실상 맥락이나 본질이 거의 비슷비슷하다. “돈이 이 정도 있고, 현금 흐름은 앞으로 이 정도 있을 예정이고, 빚은 이 정도 있다. 앞으로 어떠한 상황이 기다리고 있고, 내가 원하는 것은 이러한 것이므로 괜찮은 지역을 추천해달라 또는 전략을 추천해달라”라는 것이다.

그러면서 대체로 직장 및 인프라 때문에 서울 안으로 들어오고 싶고, 아이를 키워야 하니 넓은 집에 가고 싶고, 나중을 생각해 학군도 괜찮은 곳에 가고 싶고, 이왕이면 신축이었으면 하고, 근데 가격은 또 저렴한 집에 가고 싶다고 이야기한다. 이렇게 비슷한 요구들에 대해 부동산 전문 유튜버들이 내리는 진단도 거의 비슷하다.

‘눈을 낮추세요.’

나는 집에 관해서 만큼은 ‘눈이 높다’라는 표현을 그다지 좋아하지 않는다. 눈이 좀 높으면 어때서! 인생 한 번인데, 더 좋은 물건을 사고 싶고, 더 좋은 사람을 만나고 싶은 마음은 당연하다. 집도 마찬가지다. 더 좋은 집에 살고 싶은 마음은 누구나 있는 것 아닌가? 어떤 집이 좋은 집인지 뻔히 아는데? 그럼에도 불구하고 현실적인 제약들을 고려하지 않을 수는 없는 게 사실이다. 어쩌면 진실일지도 모른다. 가장 큰 제약, 사실상 거의 독보적인 제약은 돈이다. 좋은 집에 살고 싶다는 욕망은 누구에게나 있다.

그리고 그런 집이 내 집이었으면 하는 마음도 누구에게나 있다. 그런데 2가지가 모두 충족되기는 어렵다. 그러면 좋은 집에 전세나 월세를 살지, 덜 좋은 집을 구매해서 들어갈지를 결정해야 한다.

성인이 되면 대학생 때까지는 보통 본가에서 다니거나 자취를 하거나 기숙사에서 살다가, 취업과 결혼을 하면서 새로운 집을 찾게 된다. 취업하면서는 보통 매월 월세가 나가는 게 부담스러우니 직장과 가까운 지역에 전세로 살게 된다. 그러다 결혼을 하면 각자의 직장에서 가운데쯤 되는 곳 또는 한쪽의 직장에 가까운 곳에서 전세를 살지, 직장과 멀더라도 어쨌거나 내 집에 사는 것부터 시작할지의 갈림길에서 고민하게 된다. 전자라면 좋은 위치의 좋은 집에 살아봐야 이다음에 왜 좋은 집에 살아야 하는지도 알 수 있다는 점에서 의미가 있고, 후자라면 그래도 내 집 마련을 한번 해본 사람이 다음에도 하기 쉽다는 점에서 의미가 있다. 무조건 어느 것이 옳고 어느 것이 그르다고 말할 수는 없다.

개인적으로는 가능하다면 내 집 마련을 빨리 시작하는 게 맞다고 생각한다. 어차피 한 방에 내가 최종적으로 원하는 노른자 땅에 있는 넓은 집에 들어갈 수는 없기 때문이다. 그래서 나는 1억 7천만 원짜리 집을 샀다. 무리를 하지 않는 선에서, 감당할 수 있는 수준에서 내 집 마련을 하는 게 바람직하다고 생각했기 때문이다. 한 방에 강남으로 진출할 수 없다면, 수십 킬로미터 떨어진 곳에서부터 출발해서 서서히 진격해나가는 수밖에!

그러나 이건 어디까지나 내 개인적인 의견이고, 많은 사람들은 전세를 택한다. 회사 동료 중 평소에 주식 투자를 열심히 하는 사람이 있다. 그는 알콩달콩 신혼 생활을 즐겨야 하는데, 출퇴근 2시간에 지쳐 아내와 서로 기분 상해하는 것보다 직장에서 가까운 곳에 전세를 살면서 목돈은 주식 등 다른 곳에 투자해서 불리는 게 더 낫다고 생각했다. 워낙 의지가 명확해 보여서 그 자리에 있는 모두가 그의 의견에 맞장구를 쳤다. 자기만의 뚜렷한 주관과 방향을 설정했다면, 그 길이 앞으로 그 사람이 나아가야 할 길이 될 수 있다고 생각한다. 다만, 별다른 길을 못 찾겠다면 내 집 마련이나 내 집 마련을 위한 부동산 투자를 빨리 시작하는 게 좋다고 생각한다. 다른 이유보다는 그냥 '집'이기 때문이다. 아무것도 공부하지 않는 것, 아무것도 하지 않고 가만히 있는 것은 제대로 된 길을 걸어가는 것이 아니다.

실거주 전제로 전세 끼고 매매 후 월세 살기 vs. 대출 끼고 매매 후 실거주하기

내가 모아둔 돈이 온전히 집을 구매할 수 있는 금액이 아닐 때 집을 구매하려면 2가지 방법이 있다. 전세를 끼고 집을 산 후 전세금을 내줄 수 있을 때까지 월세를 살거나, 대출을 끼고 매매를 한 후 대출금을 갚으면서 실거주하는 방법이다. 이 2가지 방법은 내 집 마련을 한다는 점에서는 같지만, 그 성격은 사뭇 다르다고 할 수 있다. 전자는 투자의 관점에서 더 가볍게 움직일 수 있는 방법이고, 후자는 내 집이 주는 안정감을 높일 수 있는 방법이다.

둘 중 지금 당장 더 비싼(좋은) 집을 사는 방법은 대체로 전세 끼고 집을 사는 쪽이다. 여기에서는 전세가율(매매가 대비 전세가의 비율)과 LTV 한도, 즉 내 주택 구매 금액의 몇 %까지 대출을 받을 수 있는지를 따져봐야 한다. 전세가율은 아파트마다 다르고, LTV 한도는 지역마다 다르다. 조정대상지역 여부, 주택가액, 연 소득, 주택 소유 여부 등을 고려해 주택담보대출의 한도가 정해지는데, LTV 한도는 대체로 70% 이하(2022년 4월 기준, 수도권의 경우 현실적으로 40~50% 선)이고, 전세가율은 70%를 웃도는 아파트도 많다. 전세가율이 주택담보대출 한도보다 높다면, 주택담보대출을 일으켜서 집을 살 때보다 갭으로 집을 살 때 더 비싼 집을 구매할 수 있음을 의미한다. 따라서 전세를 끼고 집을 사는 쪽이 매물 선택의 폭이 더 넓다. 같은 돈 5천만 원으로 4억 원짜리 아파트를 3억 5천만 원 전세를 끼고 살 수도 있고, 2억 원짜리 아파트를 1억 5천만 원 전세를 끼고 살 수도 있기 때문이다. 물론 주택가액을 따질 때는 내가 얼마의 시간이 지나야 전세금을 내줄 수 있는지, 미래 소득은 어느 정도일지 등을 현실적으로 생각해볼 필요가 있다.

따라서 월 현금 흐름에 대해 고민해봐야 한다. 전세를 끼고 주택을 구매한 후 월세를 살면 2년 또는 4년 후에 내줄 전세금을 위해 저축을 해야 한다. 2년 후 실거주를 목적으로 들어가는 것을 생각해보면, 주택담보대출을 일으키든 모은 돈만으로 해결하든 전세금을 내줄 것을 고려해, 한 달에 어느 정도를 모아야 하는지 계산해야 한다. 그런데 여기에 월세 지출도 있으니 그것까지 반영해 계산해보면 어느 정도의 집이 적당한지 대략적인 답이 나온다. 반면 대출을 받아서 집을 사면 월 원리금 상환액을 계산해보면 된다. 그리고 더 좋은 집으로 가기 위해 또는 다른 꿈을 꾸기 위해 별도로 모을 저축액을 함께 고려해야 한다.

나는 결혼 여부와 상관없이 자산 계획을 세우기로 했고, 얼른 내 집에 들어가 살고 싶었다. 그래서 회사에서 1시간 반 이상 걸리는 아파트를 전세 끼고 갭 3천만 원을 들여 구매했다. 긴 통근 시간이 두렵긴 하지만, 통근이 가능한 거리에 있는 집 중에서는 내가 가진 돈으로 살 수 있는 곳이 몇 없었다. 그렇게 내 집은 남에게 빌려주고 나는 회사 근처에서 월세를 살고 있다. 그런데 이럴 때를 대비해 지방 소도시의 작은 아파트를 하나 사서 월세를 받고 있으므로 지금 살고 있는 집의 월세가 크게 부담되지는 않는다. 내 집에 들어가는 시점은 2년 후 또는 4년 후를 생각하고 있는데, 주택담보대출, 저축액, 기회비용, 다른 집의 가격 등 고려해야 할 사항이 많기에 다양한 시나리오를 준비해뒀다. 물론 내가 하고 있는 방법이 무조건 옳다고는 생각하지 않는다. 그러나 내가 맞닥뜨릴 상황을 고려해, 내가 가진 돈과 조달할 수 있는 돈을 기반으로 내 집 마련을 위한 나만의 시나리오를 찾은 것이므로 이 정도면 얼추 괜찮은 방향으로 나아가고 있다고 생각한다.

영끌해서 매수할 수 있는 최고 수준 지르기 vs. 적당히 눈 낮추기

집을 사려는 사람들은 1억 원이 있으면 1억 원 이상의 집을 사려고 하지, 1억 원 미만의 집을 사려고 하지 않는다. 가진 돈보다 비싼 집을 살 때는 대출을 받아야 한다. 결국 사람들은 적절한 대출과 영끌 대출 중 하나의 방법을 써서 집을 사게 된다. 영끌이 위험하다는 것은 알지만 막상 집을 사려고 하면 영끌의 유혹이 온다. 어떤 집이 좋은 집인지는 부린이도 안다. 좋은 집이 뭔지 아는 사람은 가능하면 더 좋은 집을 사고 싶어 한다. 자연스럽게 '올라도 좋은 집이 더 오르고, 떨어져도 좋은 집이 덜 떨어지지 않을까?'라는 생각도 든다.

사람들이 영끌을 하는 또 하나의 이유는 집값이 오르는 게 무섭기 때문이다. 물론 투기하려고 아예 작정한 사람도 있을 것이다. 시세 차익을 노리다가 집값이 상승했을 때 호로록 팔아버리려고 하는 사람이 없을 순 없다. 저점에 매수한 주식을 고점에 매도하고 싶은 마음과 비슷하다고 할까? 하지만 주변 사람들이 영끌을 해서 신혼살림을 차리는 것을 보면, 결코 투기라는 단어가 떠오르지는 않는다. 살 수 있는 가장 좋은 집에 살고 싶고 집값이 더 오를까 봐 걱정도 되니, 막차를 타는 마음으로 지금 내가 영끌이라도 해서 살 수 있는 가장 좋은 집을 사는 것이다. 적어도 내 주변에 있는 영끌족들은 시세 차익에 대한 욕심에 가득 차 있지는 않은 듯하다. 오히려 쫓기듯 영끌을 해서 두려운 마음이 가득한 안타까운 표정을 짓고 있다.

하지만 그럼에도 불구하고 단언하건대 영끌은 안 된다. 감당할 수 있는 수준에서 집을 사야 한다. 물론 감당할 수 있는 수준이 어느 정도인지는 사람마다 그 기준이 다르다. 그러나 영끌은 다른 누구도 아닌 나를 위해서라도 해서는 안 될 일이다. 특히 실거주의 경우 더 그렇다. 오히려 투기라면 문제가 생겨도 '아, 내가 욕심이 과했구나' 생각하면서 참회의 시간을 가질 텐데, 실거주를 위해서 산 집이면 이러지도 저러지도 못한 채로 한숨만 푹푹 쉬어야 한다.

영끌에는 크게 2가지 리스크가 있다. 첫 번째는 집값 하락이다. 앞서 집값은 장기적으로 우상향한다고 말했지만, 단기적으로는 상승과 하락이 반복된다. 내가 영끌을 해서 집을 샀는데, 집값이 하락했다? 과연 그때를 버틸 수 있는 수준인지를 생각해봐야 한다. 하락분이 회사 1~2년 더 다녀서 커버가 되는 수준이라면 상관이 없겠지만, 문제는 대부분 은행의 돈을 '빌려' 쓴다는 사실이다. 담보의 가치가 떨어지는데, 자본주의를 굴러가게 하는 쇠똥구리인 은행이 가만히 있을 리가 없다. 대출금을 회수하려고 들 수도 있다. 그러면 최악의 경우 자금을 조달할 길이 없어 집을 내놓게 될 수도 있다. 허망한 결론이다.

두 번째는 금리 인상이다. 금리는 무서운 존재다. 소수점 한 자리가 나를 못살게 군다. 금리 인상은 월 현금 흐름에 부정적인 영향을 미친다. 만약 대출금이 3억 원이라고 하면 원리금 균등 상환, 30년 상환 조건으로 금리가 3%일 때 월 원리금 상환액은 1,264,812원이다. 금리가 4%일 때는 1,432,246원이다. 거의 17만 원이 차이 난다. 애개? 17만 원이 별거 아닌 거 같지만, 영끌을 했을 때 17만 원의 추가 납입액은 꽤 부담되는 금액이다. 영끌을 안 했던 사람도 금리가 올라가면 영끌한 것처럼 부담을 떠안을 수 있다. 그래서 나는 영끌은 꿈도 꾸지 않았다.

이런 당연한 이유 말고, 특히 부린이에게 중요한 영끌의 치명적인 문제점이 하나 더 있다. 주변 사람들을 보면서 느낀 건데, 영끌을 하면 대출금을 갚느라 대안을 세울 수가 없다. 그러면 공부하지 않게 된다. 영끌을 해서 저축할 것도 없고 대출을 갚느라 월급이 들어오는 족족 내 돈이 다 빠져나가고 있는데, 무슨 가능성을 바라보고 공부를 할까? 얼마나 확신이 있어서 첫 내 집 마련에 영끌을 한지는 알 수 없지만, 영끌을 한 순간부터는 내 집의 가격이 오르나 내려가나만 생각하게 된다.

요즘은 부동산과 관련된 세금이 만만치 않기 때문에 시세 차익을 통해 더 좋은 집으로 넘어가는 것이 어려운 구조다. 가진 집을 처분하고 투자로 전향하지 않는 이상 집값이 오른다고 해서 취할 수 있는 행동이 없다. 영끌을 했는데 집값이 내려가면? 그러면 더 답이 없다. 의욕이 상실된다. 그러면 대출은 기회가 아닌 족쇄가 된다. 대출을 레버리지로 쓰지 못하고 은퇴할 때까지 30년 동안 빚만 갚다가 회사를 떠나는 것이다. 이제 시작이어야 할 첫 내 집 마련이 마지막 내 집 마련이 될 수도 있다. 설마하니 집 한 채 마련했다고 공부를 안 할까 싶겠지만, 사람 마음이라는 게 그렇지 않다. 집 한 채가 있다는 것만으로도 듬직해서 어려운 공부는 안 하고 싶어질지도 모른다. 공부는 원래 안 하고 싶은 게 정상이기 때문에 내 집 마련이라는 소기의 목표를 달성한 사람은 마음을 웬만큼 먹지 않고서는 더 공부하기 어렵다.

그래서 영끌은 안 된다. 적당히 눈을 낮춰서 영끌하지 않아도 되는 집을 사면 전전긍긍할 일이 없다. 이런 이야기를 하면, 아무리 둘러봐도 집값이 수억 원에서 십몇억 원인데 도대체 영끌하지 않아도 되는 아파트가 어디에 있냐고 되묻는다. 본인 기준에서 좋은 집을 생각해서 그렇다. 그게 바로 눈을 못 낮추는 이유다.

내가 이렇게 단정적으로 이야기할 수 있는 이유는, 내가 그랬기 때문이다. 강남에 회사를 다니면서 회사에서 최대 1시간 정도 떨어진 곳의 30평대 신축 아파트에 살고 싶다는 생각만 하니까, 내가 생각하는 집값은 최소 8억 원 이상이었다. 조금만 이성적으로 생각해보니, 쉽게 답이 나왔다. 실질적으로 내가 8억 원을 감당할 수 있나? 나 같은 20대 직장인은 8억 원은 꿈도 못 꾼다. 내가 사고 싶은 서울, 그중에서도 강남 또는 강남과 가까운 수도권은 조정대상지역이라 대출을 많이 일으킬 수도 없다. 주택담보대출 40%에 신용대출이니 뭐니 각종 대출을 끌어서 쓴다고 치면, 6억 원짜리 집에 대해 3억 원까지 대출이 가능하다. 여기에 연이율 3%를 적용하면 이자만 1년에 900만 원이다. 근데 나머지 3억 원은 땅에서 솟아오르지도, 하늘에서 떨어지지도 않는다. 상장 폐지될 리스크를 감당하면서 투자한 코인이 대박 나거나 로또에 당첨되지 않는 이상, 종잣돈 마련에도 어느 정도 시간이 필요하기 때문에 사회 초년생에게는 6억 원짜리 집을 사는 것도 결코 쉽지 않은 선택이다.

그럼 무작정 집값이 내려가길 기다려? 나는 나의 좋은 집을 꿈꾸는 사람으로서, 집값이 내려가면 감사한 사람이다. 지금 내가 가진 집은 2억 원도 안 되지만, 2억 원짜리 집이 1억 5천만 원으로 떨어지는 한이 있더라도, 4억 원짜리 집이 3억 원이 됐으면 좋겠고, 8억 원짜리 집이 6억 원이 되었으면 좋겠다는 마음이 있다. 하지만 이건 나의 소망일 뿐, 현실이 될지 안 될지, 설령 현실이 된다고 해도 그게 어느 시점인지는 결코 알 수 없다.

그렇게 생각하면서 현실적으로 주택가액을 낮춰 나갔더니 내 수준에는 2~3억 원 정도의 집이 적당하다는 결론이 나왔다. 그렇게 저렴한(?) 가격의 집이 어디 있겠나 싶지만, 찾아보면 또 없지도 않다. 물론 가격이 낮은 건 교통이 좀 더 불편하거나 서울에서 조금 더 멀거나(서울은 그냥 불가능하다), 나홀로 아파트이거나 하는 저마다의 이유가 있다. 하지만 그렇다고 손 놓고 있으면 8억 원짜리 아파트가 내 품 안으로 뚝 떨어지지 않는다. 매수 행동을 취하는 시점이 지금 당장은 아니더라도 현실을 받아들이고 차근차근 준비해나가면서 내가 생각하는 집의 수준을 현실화할 필요가 있었다. 그렇지 않으면 평생이 걸려도 집을 살 수 없기 때문이다.

좌절할 필요도 없다. 눈을 낮추다 보면 집의 위치가 서울에서 점점 멀어지게 되는데, 그러다 보니 '아무래도 이번 생에 서울에는 내 집이 없을 건가 보다' 하고 자조 섞인 생각이 들 때도 있다. 하지만 평생 남의 집에 살 게 아니라면, 지금부터 시도를 해봐야 한다. 문을 두드리지 않고는 응답을 기대할 수 없다.

지금 당장 전세 이자를 내는 것, 다달이 월세 지출을 하는 것과 주택 매매를 목적으로 대출 이자를 내는 것을 비교해보자. 예를 들어 3%의 이율로 1년에 이자 840만 원을 내는 것은 2억 8천만 원을 대출한 셈이다. 2억 8천만 원짜리 전세와 월세 70만 원으로 들어갈 수 있는 집, 2억 8천만 원 아파트 매매를 비교하면(고려할 게 많지만 일단 단순하게 생각해본다), 2억 8천만 원을 주고 산 아파트가 가장 좋다고 할 수는 없다. 2억 8천만 원 전세로 들어간 집의 수준이 가장 좋을 수도 있다. 그러니 많은 이들이 전세를 택하는 것일지도 모른다. 그러나 남의 집보다 내 집에 사는 것, 그러기 위해서 내 집을 사는 것이 훨씬 더 안정적인 주거 환경을 만들어가고 이후의 재무 상황을 건전하게 만드는 방법이라는 것을 생각해볼 필요가 있다. 실제로 집을 사보니 다른 건 몰라도 이것만큼은 더욱더 절실히 느껴졌다.

실거주 목적으로 매수 vs. 투자 목적으로 매수

부동산 유튜브 영상을 꽤 본 사람이라면 이 고민을 하지 않을 수 없다. 영상 속 부동산 전문가들은 하나같이 실거주와 투자를 분리하라는 이야기를 많이 하기 때문이다. 열심히 종잣돈을 모으고 대출까지 받아서 기껏 내 집을 마련하긴 했는데, 다시 생각해보니 내 돈을 깔고 앉아 있을 게 아니라 투자를 하는 게 더 나았을 것 같다고 이야기하는 사람도 있다.

내 생각을 조금 덧붙이자면, 가진 돈이 적고 대출 한도도 적어 실거주를 할 만한 집을 못 사는 상황에서는 확실하게 투자의 길을 가는 것이 낫다고 생각한다. 적은 돈으로 할 수 있는 최선을 다하는 것이다. 그러나 만약 실거주와 투자 둘 다 고려할 수 있는 상황이라면 실거주를 목적으로 집을 사는 것도 괜찮다고 생각한다. 특히 규제가 심할 때는 실거주 요건을 채워 세금 측면에서 방어하고, 월세를 아끼고, 보증금으로 묶여 있을 목돈을 비축해두는 것도 좋은 전략이다. 부린이 수준에서 애매한 곳에 투자하는 것보다 그 방법이 실질적으로 더 나을지도 모른다. 물론 그렇다고 해서 평생 1주택인 상태로 갈아타기만 해야 한다는 뜻은 아니다. 확신이 들지 않는 상태에서 희망만 품고 투자에 뛰어들기보다는 선택을 미루는 것도 나쁘지 않다는 뜻이다. 내 집에 산다는 사실로부터 오는 만족감과 그 가치를 한번 느껴보고 2년 후에 투자로 넘어갈지, 이곳에 머무르거나 다른 곳으로 이사할지를 선택하는 것도 의미 있는 일이다.

그 대신 실거주하러 들어갈 집이 팔기 어려운 집이면 안 되므로 집의 가치를 따져볼 수 있도록 최소한의 공부는 해야 한다. 부동산 거래에서 가격 하락보다 무서운 것은 집이 팔리지 않는 것이다. 안정적으로 실거주하면서 대출 상환도 하고 돈을 아껴 쓰며 공부하다 보면, 다음 길을 어떻게 닦아나갈지에 대한 가닥이 잡힐 것이다. 물론 실거주하는 동안에도 돈을 아끼고 모으면 다른 작은 아파트를 하나 더 살 수 있다. 모든 건 내 선택일 따름이다. 어쨌거나 아무것도 갖고 있지 않은 것보다는 하나라도 갖고 있으면 시나리오가 한층 풍부해진다. 월세에 살면서 투자하기로 결정했다면, 주관이 생길 정도로 확실하게 공부를 한 다음 내가 가진 돈으로 최고의 이익을 얻을 수 있는 집, 현재 가격이 낮으면서 추후 상승 가능성이 있는 집을 사면 된다.

뭐든 해보고 나서 이야기할 수 있는 것이다. 내 집을 마련해서 실거주하고 있는 사람이 '돈을 깔고 앉아 있지 말고 투자할 걸' 하고 후회하며 이야기할 수 있는 것도 간절히 바라던 것을 이뤘기 때문에 얻을 수 있는 교훈인 셈이다. 남의 시행착오를 참고할 수는 있지만 그 시행착오로부터 얻은 교훈이나 성공이 통째로 내 것이 될 수는 없다. 다른 사람 말만 듣고 투자의 길로 들어섰다가 원하는 대로 결과가 나오지 않으면 나는 그 누구도 원망할 수 없다. 그러므로 내 마음이 움직이지 않은 채로, 확실하게 설득되지 않은 채로 무작정 투자의 길로 들어서지는 말아야 한다. 또한 다른 사람이 실거주 목적으로 집을 샀다가 후회한다고 해서, 나 역시 그렇게 했다간 후회하게 될 것이라 단정 지을 필요도 없다. 누구나 자기가 가보지 못한 길을 아쉬워하는 법이며, 기회는 앞으로도 많기 때문이다.

부린이 탈출 비법

영끌 금지!
감당할 수 있는 집값을 책정하는 방법

요동치는 부동산 시장이 두렵고 무서울수록, 감당할 수 있는 집값을 책정하는 것이 중요하다. 당연히 집값이 올라가면 좋다. 그러나 집값은 언제든지 내려갈 수도 있다. 특히 변동성이 클 때는 내 돈을 안전하게 지키는 것이 우선적으로 중요하다. 집값이 내려가는 경우에도 내가 감당할 수 있는 수준의 집을 구매하면 재정이 파탄 나는 일은 막을 수 있다. 여기서는 내가 사용했던 '감당할 수 있는 수준의 집값을 계산하는 방법'을 소개해보고자 한다. 내가 감당할 수 있는 집값이 얼마인지 파악해보는 것만으로도, 지금까지 막연하게만 느껴졌던 내 집 마련의 실마리를 어느 정도 찾을 수 있게 될 것이다.

'언제까지', '얼마를 모아서', '얼마짜리 집'을 살 것인가?

여기에 대한 나만의 명제를 정해야 한다. 시점과 목돈의 규모, 사고자 하는 집의 가격 중 어떤 것을 먼저 정해도 이상하지 않다. 집값과 대출 규모에 따른 월 상환 원리금 또는 갭 투자 금액을 조정해가면서 나에게 맞는 최적의 시기와 집값을 찾는 게 중요하다.

언제 집을 살지를 먼저 정한다고 가정해보자. 지금 당장이라면 수중에 있는 목돈으로 집을 보러 가야 한다. 분위기를 봐서 2년 정도는 더 기다려보겠다고 하면, 그때까지 모을 수 있는 목돈을 기준으로 얼마짜리 집을 사는 게 나에게 적정한 수준인지를 계산해보면 된다. 예를 들어, 나는 2년 뒤에 현금 3천만 원을 갖고 있을 테니, 대출로 실거주할 집을 산다면 얼마짜리 집을 사겠다, 전세를 끼고 집을 산다면 얼마짜리 집을 사겠다 하는 것을 결정하는 식이다.

물론 '돈을 모아야 집을 사지?'라고 생각할 수도 있다. 이때는 얼마를 모으고 집을 살지 결정해야 한다. 5천만 원을 모으면 집을 사겠다는 계획을 세웠다면 5천만 원을 모을 수 있는 시점을 계산해보면 된다. 그리고는 그 목돈을 활용해 얼마짜리 집을 사는 것이 적절한지를 판단해보면 된다. 5천만 원으로는 대출을 끼고 2억 원 미만(지역별 LTV에 따라 상이)의 집을 실거주 목적으로 살 수 있을 것이고, 갭 투자로 하자면 전세가율에 따라 5억 원 안팎의 집까지도 생각해볼 수 있을 것이다. 다만 그것이 적절한 수준인지, 과연 집값이 하락해도 버틸 수 있는 수준인지는 철저한 계산을 거쳐야 한다.

집값을 기준으로 시기와 목돈을 정할 수도 있다. 그런데 집값을 기준으로 하는 것은 자칫 잘못하면 나에게 과한 수준의 집에서부터 출발할 수 있다. 예를 들어, 나는 5억 원짜리 집을 사고 싶은데, 거기에 필요한 목돈 3억 원을 모으려면 10년의 세월이 걸릴 수도 있는 것이다. 이렇게 되면 내 집 마련의 시기는 멀어지고, 시간의 흐름으로 인한 집값의 변동성은 더 커진다. 그렇기 때문에 시기와 목돈을 먼저 정하고 비싸고 이상적인 집보다는 저렴한 집부터 고려해보는 것을 추천한다.

대출을 써서 집을 산다면 원리금을 갚고도 남는 돈이 있어야 한다

실거주를 목적으로 하는 경우 대출을 적극적으로 활용한다는 가정하에, 월 상환 대출 원리금은 다달이 무조건 나가는 금액이므로, 내 수입을 기준으로 어느 정도가 나가는 것이 적절한지를 계산해봐야 한다.

대출 활용 시 현금 흐름 계산해보고 최적의 집값 찾기

월 소득 – 월 상환 대출 원리금 > 월 생활비 + 월 저축액 + 예비비

- 월 상환 대출 원리금: 대출 원금, 연 이자율, 대출 기간을 고려해 대출 원리금 상환 계산기 이용
- 월 저축액: 전체적인 균형을 고려하여 확보하면 좋을 저축액 (다음 집으로 점프 또는 투자하기 위한 목적)
- 예비비: 저축과 구분되는 비용성 예비비, 자기 계발비 등

대전제는 집을 사고 나서 현금 흐름을 따져봤을 때 월 소득에서

월 상환 대출 원리금을 제하고 남은 금액으로 내 생활비를 충당할 수 있어야 할 뿐만 아니라, 저축도 해야 하고 거기에 더해 약간의 여유도 있어야 한다는 것이다.

예를 들어보자. 우선 투기과열지구, 대출 제한 같은 것은 고려 대상에서 제외하고 원리금 상환의 부담만 생각해보려고 한다. A 씨는 강남에 근무하는 직장인으로, 월 급여 실수령액은 200만 원이고, 부수입은 없다. 생활비는 50만 원 정도로 아껴 쓰고 있다. A 씨가 주택담보대출, 신용대출 등을 끌어다가 집을 산 다음, 대출 원리금을 월 85만 원씩 상환하고 저축 등으로 남길 수 있는 돈이 65만 원이면 이건 A 씨가 감당할 수 있는 수준일까?

그 대답은 사람마다 다를 것이다. 허리띠를 졸라매더라도 빠르게 집을 구하고 싶은 사람이 있을 수 있고, 좀 더 풍족하게 생활하면서 여유를 가지고 내 집 마련을 계획하는 사람도 있을 것이다. 월 소득도 월급이 전부인 사람도 있을 것이고, 부업 등을 통해 금액을 더 늘릴 수 있는 사람도 있을 것이다. 확실한 것은 월수입에서 월 상환 대출 원리금을 내고도 생활비가 남아있어야 하고, 저축할 수 있는 여유분도 있어야 한다는 것이다.

월 상환 대출 원리금은 구하는 공식이 따로 있긴 하지만, 구글이나 네이버에 '대출 원리금 계산기', '주택담보대출 계산기' 등을 검색하면 쉽게 확인할 수 있다. 검색 결과에서 곧바로 대출 원금, 연 이자율, 상환 기간, 상환 방법을 입력하거나 선택할 수 있고, 입력값을 토대로 조회하면 월 상환액이 표로 정리돼 나온다. 또는 한국주택금융공사 홈페이지에서도 월별 상환 원리금을 계산해볼 수 있다. 공식에 들어갈 각 항목에 대한 내용은 다음과 같다.

- 대출 원금 = 집값 × LTV(주택담보대출비율, 지역 및 개인에 따라 상이)
- 대출 만기(또는 상환 기간) = 통상 30년
- 이자율 = '주택담보대출 이자율' 검색하여 적절한 값 기입(금리가 변동될 수 있으므로 보수적으로 책정)
- 상환 방식
  - 원리금 균등 분할 상환 방식: 납입 원금과 이자를 합쳐 매번 통장에서 빠져나가는 돈이 고정값이 되도록 하는 방식(납입 원금은 점점 증가하고 이자는 점점 줄어듦). 월 현금 흐름을 관리하기가 쉽다.
  - 원금 균등 분할 상환 방식: 납입 원금은 상환 기간 내내 같고, 이자는 원금이 감소함에 따라 조금씩 줄어들도록 갚아나가는 방식. 시간이 지날수록 월 상환 원리금이 점점 감소하며, 총 명목 이자가 다른 상환 방식에 비해 낮은 편이다.

월 상환 대출 원리금을 계산할 때는 대출 원금을 바꿔가면서 다달이 어느 정도의 부담이 늘어나는지를 생각해봐야 한다. LTV가 40%라고 한다면 집값이 2억 원일 때 주택담보대출을 8천만 원, 3억 원일 때 1억 2천만 원을 빌릴 수 있다. 거기에 더해 신용대출을 추가로 일으킬 수도 있겠으나, 우선은 주택담보대출만 가정하고자 한다.

원리금 균등 상환 방식에 따라 8천만 원을 연이율 3%, 30년 상환 조건으로 대출한다고 치면 대략 월 34만 원을 상환해야 한다. 1억 2천만 원을 대출한다고 치면 월 50만 원을 상환해야 한다. 이렇게 대출 원금을 바꿔 계산해보고 월 상환 대출 원리금을 계산한 결과를 비교해보면, 대출 원금이 어느 정도일 때 월 상환액은 얼마고 그때는 얼마짜리 집을 살 수 있는지를 가늠해볼 수 있다. 그러면 집을 사기 전에는 얼마의 목돈을 더 모아둬야 하는지, 집을 실제로 살 때는 월수입에서 원리금을 상환하고 저축은 얼마나 할 수 있는지, 생활비는 얼마 정도를 예산으로 정해야 하는지에 대한 시나리오를 만들어 볼 수 있다. 예를 들면 다음과 같다.

- 관심 지역 LTV 40%
- 집값 2억 원
- 대출 가능 금액 = 2억 원 × 40% = 8천만 원
- 필요한 목돈 = 2억 원 – 8천만 원 = 1억 2천만 원
- 월 상환 원리금 = 34만 원

Q. 필요한 목돈은 적절한가?
Q. 월 상환 원리금은 매월 부담스럽지 않은 선에서 충당할 만한가?

둘 중 하나라도 만족할 수 없으면 집값 조정하며 반복 또는 갭 투자 공부

나는 대출 원리금을 계산할 때 금리에도 약간의 여유를 뒀다. 금리가 오르는 추세일 때 원리금 부담이 더 커질 수도 있으므로 금리가 1~2% 더 높아질 수도 있다고 가정하고 여유분을 둔 것이다.

한편, 원리금 상환 외에 추가 저축은 꼭 필요하다. 금액으로 정하는 것도 좋고, 월급의 몇 %를 저축하겠다는 것도 좋다. 그래야 빚에 허덕이기만 하는 것이 아니라, 돈을 모아서 다음 집을 꿈꿀 수 있고 주식 등 추가적인 투자도 할 수 있다.

저축액과 예비비를 구분한 이유는 돈을 불리는 데 들어갈 돈(저축액)과 비용성으로 들어갈 돈(예비비)을 구분하기 위함이다. 더 나은 집

으로 가기 위해 돈을 모으는 것 외에 추가적인 예비비가 꼭 필요하다. 살다 보면 내가 미처 고려하지 못한 목돈이 나갈 일이 많기 때문이다. 또한 자기 계발이나 소소한 취미 생활에 쓸 돈도 필요하다고 생각한다. 허리띠를 졸라매는 것은 좋지만, 이 시기가 아니면 할 수 없는 경험, 스스로를 위해 놓치지 말아야 하는 소중한 경험도 분명 존재한다. 내 집 마련을 꼭 해야 한다고 생각하지만, 무리하면서까지 집의 노예가 될 필요는 없다. 길게 보면 몇백만 원 차이가 날 뿐이다(물론, 그 몇백만 원이 아쉬운 경우가 더러 있긴 하다). 여기에 더해 현재 설정한 월 생활비를 과연 얼마나 지속할 수 있을지, 집을 사려고 너무 의지적으로 예산을 줄인 것은 아닌지를 생각해보고, 가능하다면 월 10만 원 정도는 여유분으로 두는 편이 좋다.

집을 사기 전에 목돈을 얼마나 모아야 할까?

대출 활용 시 목돈 = 저축 + 투자 수익 + 증여
≥ (집값 – 대출 원금) + 제반 비용

갭 투자 시 목돈 = 저축 + 투자 수익 + 증여
≥ (집값 – 전세금) + 제반 비용

- 대출 원금: 월 상환 대출 원리금을 감당할 수 있는 수준에서의 대출 금액
- 제반 비용: 부동산 중개 수수료, 취득세 등 부동산 거래 및 취득에 드는 각종 수수료와 세금을 위해 준비해둬야 하는 금액

대출 활용 시

당연한 이야기이지만 집값은 앞서 월 대출 원리금 상환액이 감당할 수 있는 수준에서 일으킬 대출 원금 또는 갭 투자를 할 시 전세금과 집을 매수하는 시점까지 내가 모을 수 있는 목돈의 합이다. 바꿔 말하면, 목돈은 집값에서 대출 원금, 갭 투자 시 전세금을 제외하고 내가 저축, 투자, 증여 등을 통해 모은 돈을 의미한다.

목돈, 즉 예상 매수 시점까지 모을 수 있는 돈은 저축과 투자 수익, 증여로 구분할 수 있다. 이제 막 사회생활을 시작했거나 기타 이유로 인해 현재 가진 목돈이 없을 수도 있는데, 뭐가 됐든 본인의 상황에 맞춰서 계산하면 된다. 저축은 전년도 세후 실수령액을 기준으로 계산하되, 회사에서 연차가 쌓일 때마다 반영되는 임금 상승률이나 승진에 따라 가급되는 금액이 있으면 그것까지 반영하는 것이 좋다(나는 거기에 대한 감이 없어서 내가 월 단위로 받는 실수령액에서 생활비를 제외한 금액에 12를 곱해 매년 같은 금액을 받는다고 가정하고 연간 예상 저축액을 계산했다). 투자는 주식 등으로 수익을 낼 수 있는 돈을 의미한다. 여기에 대해서는 수익률을 확신할 수 없었기 때문에 별도의 계산을 하지 않았으나, 그간의 포트폴리오를 고려했을 때 투자에 어느 정도 자신이 있다고 하면 보수적인 수준으로 투자 수익을 계산해 넣는 것도 좋은 방법이다. 증여는 있는 경우 반영하면 된다.

대출 원금은 앞서 계산해봤던 월 상환 대출 원리금이 얼마가 적정한가에 따라서 규모가 달라질 수 있다. 주택담보대출의 경우 주택가액에 LTV를 곱한 값이다. 그리고 상황에 따라 신용대출이 추가될 수 있다. LTV 한도는 주택가액, 소재 지역(조정대상지역, 투기과열지구 등), 소유 주택 수에 따라 다른데, 그것조차 정부의 정책에 따라 달라질 수 있으므로 그때그때 정책을 잘 확인해야 한다. 포털 사이트에서 '투기과열지구 20△△년 기준' 등으로 통합 검색 또는 이미지 검색을 하면 관련해서 한눈에 보기 쉽게 정리된 자료가 나온다.

3억 원짜리 집을 사려면 1억 2천만 원 대출에 대해 월 상환 원리금은 무리가 없는 수준이라 해도 1억 8천만 원이 더 필요하다. A 씨가 집을 사기 전에 월세나 전세를 살고 있다고 가정해보면, 급여 200만 원에다가 월세나 전세자금대출 이자가 50만 원이고 생활비를 50만 원 쓴다고 했을 때, 매월 100만 원을 저축할 수 있다. 만약 별도의 목돈이나 수입이 없다면 1억 8천만 원을 모으기 위해 족히 10년은 더 필요하다. 그렇다면 LTV 40%라는 조건 아래 3억 원짜리 집은 A 씨에게 적절한 집이라고 하기 어렵다. LTV 적용 비율이 더 높은 곳 또는 집값이 더 싼 곳을 찾아야 한다. 집을 사지 않고 단순 저축만 하는 기간이 길면 길수록 불확실성은 커지기 때문이다.

수도권의 집이 지금 내 수입을 고려했을 때 과도하게 비싸다면 지방 아파트를 사서 시세 차익을 노리든 월세를 받든 추가적인 조치를 하는 방안도 생각해볼 수 있다. 예를 들어, 1~2년 정도 시간을 들여 1~2천만 원을 모아 갭 투자를 하는 것도 좋은 방법이다.

갭 투자 시

갭 투자란 매매가와 전세가의 갭을 활용해 집을 사는 것이다. 갭 투자 대상으로는 매매가와 전세가의 차이가 크지 않고, 실수요가 많으며, 전·월세 회전율이 좋은 아파트가 좋다. 이 경우 전세를 주기도 쉽고 더 적은 갭(투자금)으로 아파트를 구매할 수 있다. 매매가와 전세가가 거의 붙어 있다는 것은 그 아파트가 실거주용으로서 가치가 높다는 것을 의미하며, 이런 경우 조금 기다려보면 전세가가 매매가를 들어 올릴 확률이 높다고 전망하기도 한다.

갭 투자 시에는 실거주 목적인지 시세 차익이 목적인지에 따라 전세금 반환 계획 또는 매도 계획을 세워야 한다. 실거주 목적의 갭 투자는 일단 내 집을 사서 나중에 세입자에게 전세금을 내주고 직접 들어가 살기 위해 하는 것이고, 투자 목적의 갭 투자는 레버리지 효과를 극대화해 적은 돈으로 시세 차익을 보고자 하는 것이다. 대출만으로는 살 수 없는 집도, 갭 투자를 이용한다면 구매할 수 있는 경우가 많다. 고려할 수 있는 집값의 범위도 넓어진다. 3천만 원 목돈으로 1억 원짜리 집을 7천만 원 전세를 끼고 살 수도 있고, 2억 원짜리 집을 1억 7천만 원 전세를 끼고 살 수도 있는 것이다. 실거주가 목적이라면 전세금 반환 계획을 세워야 한다. 반면 시세 차익을 목적으로 하는 갭 투자는 어느 정도 시세 차익을 보면 매도할지, 그 사이에 전세가가 더 낮아지거나 높아질 때는 어떻게 할지 등을 생각해봐야 한다.

현행 정책상 투기과열지구에서는 갭 투자를 하려면 그 '갭'을 스스로 마련해야만 한다. '전세금 + 대출금'으로 집을 살 수 없고, '전세금 + 자기 자본' 또는 '대출금 + 자기 자본'으로 매매가를 충당해야 하는 것이다. 과거에는 대출을 일으키고 갭 투자를 해서 자기 자본 없이도 집을 사서 집값이 오르면 자산을 늘릴 수 있었지만, 지금은 그렇지 않다. 그래서 '오? 5억 원짜리 집에 40% 대출받고 전세 3억 원 내면 되네?'라는 생각은 유효하지 않다. 투기과열지구나 조정대상지역이 아닌 경우에는 이런 제약 조건이 적은 편이다. 내가 지방 소도시에 집을 살 수 있었던 것도 그곳의 아파트가 매우 저렴한 데다가 대출 관련 규제가 적어 주택담보대출을 집값 대비 60~70%까지 이용할 수 있었기 때문이다.

나는 1억 4천만 원짜리 전세를 승계받아 1억 7천만 원짜리 집을 샀다. 집의 절대적인 가격이 낮기도 하고, 전세가율이 82% 정도로 높은 편이기 때문에 가능했던 일이다. 이제 1억 4천만 원을 만들기 위해 열심히 저축해야 한다. 아무래도 전세금 반환대출과 신용대출을 쓰게 될 확률이 높지만, 가능한 만큼 최대한의 금액을 모을 생각이다. 이는 앞으로 부동산 정책이 어떻게 될지 모르기에 미리 대비하는 것이기도 하다. 물론 집값이 하락해서 기회가 온다면 기존의 집에 들어가 살지 않고 다른 좋은 집으로 넘어갈 생각도 있다.

결국은 집을 사기 전에 얼마나 모을 수 있는지, 집을 산 다음에는 현금 흐름이 얼마나 되는지의 문제며, 거기에 맞춰서 어느 지역에 얼마짜리 집을 사면 되는지를 결정하면 된다. 다시 내용을 정리하자면 아래와 같다.

대출 활용 시 현금 흐름 계산해보고 최적의 집값 찾기

월 소득 − 월 상환 대출 원리금 > 월 생활비 + 월 저축액 + 예비비

집을 사기 전에 필요한 목돈 계산하기

대출 활용 시 목돈 = 저축 + 투자 수익 + 증여
≥ (집값 − 대출 원금) + 제반 비용

갭 투자 시 목돈 = 저축 + 투자 수익 + 증여
≥ (집값 − 전세금) + 제반 비용

계산이 복잡해 보여도 논리적으로는 단순하다. 먼저, 목표 시점과

목돈 그리고 그에 걸맞은 최적의 집값을 계산해본다. 대출을 쓴다면 월 단위로 봤을 때 대출 원리금을 갚고도 생활비를 충당하고, 저축도 조금 할 수 있는 수준의 대출을 일으키면 된다. 위의 계산 방식을 써도 되고, 상황에 맞는 변수에 따라 더 단순화하거나 정밀화해도 된다. 갭 투자를 할 경우 시세 차익을 노릴 것인지, 실거주를 전제로 미리 확보해두는 전략을 취할 것인지를 따져보는 것도 필요하다. 더불어, 당분간은 집을 사지 않고 전세를 사는 게 낫겠다는 계산도 있을 수 있고, 추후 결혼을 통해 더 큰 자금을 마련하는 것이 가능하다든지 하는 여타의 가능성을 고려해볼 수도 있다. 어찌 됐든 자신의 상황에 따라 여러 케이스를 가정해보고, 그에 따른 내 집 마련 시기 및 집값 수준을 구체적으로 계산해보는 것을 추천한다.

스물다섯 부린이의 본격 내 집 마련 프로젝트

내가 내 집에 살고 싶을 뿐이야

초판 1쇄 발행 2022년 5월 25일

지은이 진리
펴낸이 성의현
펴낸곳 (주)미래의창

편집 안대근
디자인 공미향 · 윤일란
홍보 및 마케팅 연상희 · 김지훈 · 이희영 · 이보경

출판 신고 2019년 10월 28일 제2019-000291호
주소 서울시 마포구 잔다리로 62-1 미래의창빌딩(서교동 376-15, 5층)
전화 070-8693-1719 **팩스** 0507-1301-1585
홈페이지 www.miraebook.co.kr
ISBN 979-11-91464-94-8 03320

※ 책값은 뒤표지에 있습니다. 잘못된 책은 바꿔 드립니다.